乡村振兴背景下的乡村财务管理模式研究

周纳宇◎著

中国纺织出版社有限公司

内 容 提 要

本书主要介绍了乡村振兴背景下乡村财务管理模式的相关理论、乡村财务管理面临的挑战和机遇、乡村财务规范化管理、乡村财务监管、乡村财务的公开、乡村财务管理模式改进、乡村财务管理信息化趋势、乡村财务人员的职业道德建设，并对完善乡村财务管理提出了建议，具有较高的理论价值和实践意义，适合乡村财务管理人员和相关领域的专业学者阅读使用。

图书在版编目（CIP）数据

乡村振兴背景下的乡村财务管理模式研究/周纳宇著. --北京：中国纺织出版社有限公司，2023.8
ISBN 978-7-5229-0721-5

Ⅰ. ①乡… Ⅱ. ①周… Ⅲ. ①农村－财务管理－研究－中国 Ⅳ.①F322

中国国家版本馆CIP数据核字（2023）第120775号

责任编辑：段子君 于 泽 责任校对：高 涵
责任印制：储志伟

中国纺织出版社有限公司出版发行
地址：北京市朝阳区百子湾东里 A407 号楼 邮政编码：100124
销售电话：010—67004422 传真：010—87155801
http://www.c-textilep.com
中国纺织出版社天猫旗舰店
官方微博 http://weibo.com/2119887771
天津千鹤文化传播有限公司印刷 各地新华书店经销
2023 年 8 月第 1 版第 1 次印刷
开本：710 × 1000 1/16 印张：13.5
字数：185 千字 定价：99.00 元

前言

随着国家乡村振兴战略的纵深推进，农村财务管理规范化问题受到社会各界的密切关注。基于乡村振兴战略背景，本书梳理了我国农村财务管理典型模式的相关文献资料，分析了农村财务管理现状及存在的一些问题，提出了建立健全科学的管理体系、完善财务管理制度、加强财务管理队伍建设、突出主体地位、加强财务信息化建设等建议，为乡村振兴战略实施提供坚实的经济保障。

全书共十章。第一章为绪论，主要包括研究背景和意义、国内外研究综述、研究内容与方法；第二章对乡村振兴背景下乡村财务管理模式的相关理论进行介绍；第三章阐述了乡村振兴背景下乡村财务管理面临的挑战和机遇；第四章研究了乡村振兴背景下的乡村财务规范化管理，包括乡村财务管理规范化的主要内容及评价指标、乡村振兴背景下乡村财务规范化管理的新要求、乡村财务管理案例分析、乡村振兴背景下乡村财务规范化管理的对策；第五章研究了乡村振兴背景下的乡村财务监管，包括乡村财务监管现状、乡村财务监管存在的问题及影响、乡村财务监管问题的成因分析、乡村振兴背景下强化乡村财务监管的措施；第六章研究了乡村振兴背景下的乡村财务信息公开，包括信息公开政策演变及相关要求、乡村财务信息公开现状、乡村财务公开存在的问题和原因及乡村振兴背景下优化乡村财务信息公开的建议；

第七章研究了乡村振兴背景下的乡村财务管理模式改进，包括乡村财务管理模式的现状、现行乡村财务管理模式存在的问题和原因、我国乡村财务管理模式的现实选择及保障措施；第八章研究了乡村振兴背景下的乡村财务管理信息化趋势，包括乡村财务管理信息化概述、乡村财务管理信息化发展现状分析、乡村财务管理信息化发展的影响因素、乡村振兴背景下乡村财务管理信息化的优化路径；第九章研究了乡村振兴背景下的乡村财务与财政体制分立制度设计，包括乡村基层组织财务资金与财政资金混合运营现状研究、乡村财务与财政分立的制度设计、乡村财务与财政分立制度的运作措施；第十章研究了乡村振兴背景下乡村财务人员的职业道德建设，包括乡村财务人员现状分析、乡村财务人员职业道德因素分析、乡村振兴背景下乡村财务人员职业道德建设的具体措施。

期望本书能为乡村振兴背景下的乡村财务管理水平的提升提供积极的借鉴和参考价值。由于乡村财务管理涉及诸多方面，再加上作者水平有限，书中难免存在不足之处，敬请各位读者朋友批评指正。谨谢！

周纳宇

2023 年 4 月

目录

第一章　绪　论

第一节　研究背景和意义

一、研究背景

农业、乡村、农民问题是关系国计民生的根本性问题，实施乡村振兴战略是护航国计民生的重要举措。中共中央、国务院连续发布相关政策文件，对新发展阶段优先发展农业乡村、全面推进乡村振兴作出总体部署，为做好当前和今后一个时期“三农”工作指明了方向。

2018 年 5 月 31 日，中共中央政治局召开会议，审议《乡村振兴战略规划（2018—2022 年）》。2018 年 9 月，中共中央、国务院印发了《乡村振兴战略规划（2018—2022 年）》，并发出通知，要求各地区各部门结合实际认真贯彻落实。

2021 年 2 月 21 日，《中共中央　国务院关于全面推进乡村振兴加快农业农村现代化的意见》，即中央一号文件发布，这是 21 世纪以来第 18 个指导“三农”工作的中央一号文件；2 月 25 日，国务院直属机构国家乡村振兴局正式挂牌。要做好乡村振兴这篇大文章，2021 年 3 月，中共中央、国务院发布了《关于实现巩固拓展脱贫攻坚成果同乡村振兴有效衔接的意见》，提出重点工作。2021 年 4 月 29 日，十三届全国人大常委会第二十八次会议表决通过《中华人民共和国乡村振兴促进法》。2021 年 5 月 18 日，司法部印发了《“乡村振兴　法治同行”活动方案》。2023 年，《中共中央　国务院关于做好 2023 年全面推进乡村振兴重点工作的意见》正式发布，全文共九个部分，包括：抓紧抓好粮食和重要农产品稳产保供、加强农业基础设施建设、强化农业科技和装备支撑、巩固拓展脱贫攻坚成果、推动乡村产业高质量发展、拓宽农民增收致富渠道、扎实推进宜居宜业和美乡村建设、健全党组织领导的乡村治理体系、强化政策保障和体制机制创新。

乡村兴则国家兴，乡村衰则国家衰。我国人民日益增长的美好生活需要和不平衡不充分的发展之间的矛盾在乡村尤为突出，全面建成小康社会和全面建设社会主义现代化强国，最艰巨最繁重的任务在乡村，最广泛最深厚的基础在乡村，最大的潜力和后劲也在乡村。

乡村振兴重在乡村治理，而乡村财务管理是乡村治理的重要一环。虽然，我国乡村经济在历史上经历过无数次的变革，而每一次变革都会带动财务管理模式的变化，但是，客观地说，此时此刻正在进行的乡村振兴无疑是历史上投入最大、波及面最广、受益人数最多的一次改革。由这次改革所带来的乡村经济的变革，在历史上也是极其少见的，甚至是具有里程碑意义的。在实践中，已经有相对完善的财务管理模式诞生，并且体现出乡村两级合作性不断增强，联系更加紧密的特点。在学术上，我们没有去单独地探讨乡村财务管理模式或者乡级财务管理模式，而是笼统地称为“乡村财务管理模式”，也正是基于这一变化，我们认为这次变革具有里程碑式的意义，所以，应该对其进行总结和反思，争取能够让其更好地服务于“三农”经济，服务于全国经济的发展。

二、研究意义

改革开放以来，我国各行各业都取得了骄人的成绩，特别是一些高科技行业已经成为世界的“领头羊”，经济结构也逐渐趋于合理。但不可否认，我国依然是一个农业大国，农业的基础地位不可撼动。所以，一直以来，乡村经济改革都是党中央、国务院高度重视的问题。乡村财务管理模式作为改革的一大重点，不但关系农民群众的切身利益和乡村经济的发展，而且将直接影响社会的稳定与和谐。特别是随着乡村振兴战略的顺利进行，各项针对“三农”问题的改革取得极大成效，乡村经济得到长足发展，这也在客观上对乡村财务管理提出了更高的要求。

乡村财务管理模式的改革，焦点是乡村财务人员管理模式的建立。纵观近二十年的乡村财务管理模式发展历程，我们不难发现，从村委会选聘，到财务人员职业化，再到“会计委托代理制”“双代管”，甚至“乡村会计委派制”，乡村财务人员的管理模式在较短的时间里经历了多次变革，而这几次变革之间都有着紧密的联系。可以说，每一次变革都是一次创新、一次进步，都对当时的乡村经济发展起到了极大的促进作用。

基于此，笔者在充分考虑外部经济环境不断变化的基础上，进行了广泛了解，深入调研，研究意义主要有以下三点：

第一，以时间为序，通过梳理和总结我国乡村振兴战略背景下乡村财务管理模式的变迁，找出其中的不足并提出相应的解决对策，为规范我国乡村财务管理模式提供参考和帮助，以推动其进一步建设和完善，同时为今后深入研究我国乡村财务管理模式提供阶段性的研究成果。

第二，通过研究，为当前国家所出现的“村财村管”“会计委托代理制”“双代管”和“乡村会计委派制”等模式提供理论解读，说明其存在的合法性和必然性，较好地解决了实践过程中的思维困扰，为进一步推进和完善村民自治提供了突破口。

第三，提出了目前所倡导的乡村财务管理模式中存在的弊端，并进一步提出应该因地制宜，按照“放活”的思路，多提供几种乡村财务管理模式的设想作为选择。与此同时，笔者还建议，当经济进一步发展、外部环境允许时，可全面实施会计委派制，这为我国乡村财务管理模式的未来发展提供了参考。

第二节　国内外研究综述

关于我国乡村振兴战略背景下的乡村财务管理模式研究，由于存在时间段、地域性等条件的限制，国外并无直接的相关研究文献，且国内的研究也极其稀少。究其原因，主要有以下两点：一是国内对新乡村建设的研究成果虽然在 2003 年以后有了“量”的突破，但主要是实务工作者在实践中针对所出现的问题提出的一些解决办法，即使是理论研究者进行的研究，也大多是基于农业经济、社会学、行政管理、法学等学科角度进行的探讨，鲜有专家学者从会计学角度进行思考。二是国内会计的研究主要是集中在会计理论、企业财务管理、会计电算化等基于企业应用的领域，鲜有专家学者从服务“三农”的角度系统性地进行会计研究。通过对相关数据库的查询得知，现有的为数不多的关于我国乡村财务管理模式的研究成果，主要是立足于村民自治或者是村委会的角度对现有模式的评价，与笔者的思考角度有很大的不同。

一、国外研究成果述评

由于历史、地理、经济、文化等多重因素的影响，国外（在此特指西方经济较为发达的国家，下同）鲜有直接而明确的乡村组织，所以，在探讨国外乡村财务管理时，我们大多会引入“合作社”这一词汇。国外的合作社并不是一个联系政府与村民的纽带，而是建立在经济合作基础之上的经济组织，这一点和中国的乡村存在着很大不同。但是，本文探讨的内容是乡村财务管理模式，与合作社的经济管理模式有相通之处，了解国外合作社的经济管理模式对国内乡村财务管理模式的建立和完善具有一定的参考价值和借鉴意义。

国际合作社农业组织（ICAO）于 1995 年 9 月在英国曼彻斯特市召开的国际合作社联盟（ICA）100 周年大会上，确定了“自愿与开放的社员制、社员民主管理、非营利和社员参与分配、自主自立、关心社区事务”等目前世界上所公认的“合作社七原则”。由此，我们可以知道，国外的合作社带有很大程度的自治性和独立性，政府一般只会采取保护和扶持政策以促进合作社的发展。以德国为例，德国广泛采用了“合作社”的管理模式，让合作社自身在相关法律的规范下民主、科学地进行财务等方面的管理，这样不仅能够充分地行使民主权利，也能保证“合作社”在市场经济体制下自由发展，以获得更大的经济利益。

中国传统的乡村财务管理模式在一定程度上和“合作社”模式相近，但是，在新乡村建设背景下，因为由国家主导，投入了巨大的人力、财力和物力进行新乡村建设，与国外普遍实行的“合作社”资金收入模式不同。也正是基于这一点，国外的乡村财务管理模式对我国仅具有参考和借鉴价值，而万万不能照搬照套，否则将严重地阻碍我国新乡村建设的进程，甚至会影响乡村经济发展和社会稳定。

二、国内研究成果述评

就国内而言，以财务管理模式为关键词的文献资料较少。认真阅读相关文献发现，主要有以下几种代表性的观点：

王爱华（2003）、綦好东（2003）认为由于新的税费制度从分配关系上改革了原有的乡镇（代表国家）—村集体经济组织—农民（农户）之间的关系，并建立了新的税费征收、使用机制，因此必须建立一套与新的税费制度相适应的乡村（包括乡镇和村集体经济组织）财务管理运作规范和方法。

丁良山（2005）、万志刚（2005）认为责权利明晰，民主科学、规则完备、运作高效的乡村财务管理规范体系是乡村税费改革后乡村财务管理体系建设的目标。他们还认为乡村财务的微观运行所需要的基本规则必须由国家提供，这是政府的责任。

谢振莲（2005）、赵志东（2005）、王志亮（2005）认为乡村财务管理已成为乡村矛盾的焦点，能否很好地解决乡村财务管理问题事关乡村经济的进一步发展和社会的稳定。但由于乡村财务基础工作普遍较差，基层民主政治、经济制度尚未真正落实，从乡村财会内部运行机制入手很难有所突破。

贝洪俊（2008）以农户调查资料为依据，对浙江乡村财务管理现状进行了实证分析。结果发现，浙江省乡村财务管理工作整体水平较高，但在不同程度上存在低层次管理问题。根据调查分析结果，贝洪俊提出了建立与“后农业税时代”相适应的乡村财务管理分类运行机制，引入村集体资产经营的“村经理”制度，建立健全村集体报告制度，引入注册会计师业务进乡村等一系列乡村财务管理创新的对策和建议。

赵筠（2010）认为推行“乡村会计委托代理制”是一项系统工程，涉及方方面面，建立完善的乡村会计委托代理制适应取消农业税后的乡村财务管理，其制度成本相对较小，能很好地达到财务控制的目的，特别是在乡村收入大幅减少的情况下，这一制度就显得尤为重要。

从以上研究成果可以看出，目前我国关于乡村财务管理模式的研究还存在以下问题：

第一，乡村财务管理的研究尚处于从实践的角度对模式进行总结和完善阶段，理性的学术思考较少，未形成完善的理论体系。

第二，目前的研究处于低谷期，研究热度小。

第三，实务工作者的思考大多立足于所工作的地区，针对乡村财务管理的混乱提出感性认知和解决办法，未能从理论层面和制度层面提出思考。

第四，研究背景大多建立在乡村税费制改革的基础上，也就是新乡村建设初期“少取”阶段，时间跨度较小。

第三节 研究内容与方法

一、研究内容

本书研究内容有三个方面，一是将乡村财务管理模式的探讨放在乡村振兴战略大背景下，充分联系外部经济环境和宏观形势政策，使研究的应用价值得到很大提升，为我国当前乡村财务管理中遇到的问题提供了参考性建议。二是从理论和现行法律法规的角度探讨通过改变乡村会计人员任用模式以达到促进乡村经济发展和社会稳定的合法性问题，并通过阐述，肯定了其合法性，为新观点的出现提供了理论支撑。三是提出根据不同经济发展程度应该实行不同的乡村财务管理模式，当经济发展到一定程度以后可以全面推行会计委派制的构想。

二、研究方法

针对乡村振兴战略背景下的乡村财务管理模式的研究，笔者主要采用了以下几种研究方法。

（一）实地调查法

通过调查问卷、座谈、实地走访等方式，历时半年多，对黑龙江、吉林、辽宁、内蒙古、甘肃、贵州、云南、广西、四川、重庆等省（市、自治区）进行了较为全面深入的了解和调查，通过与各地高校相关教师、基层工作人员、农民的深入交谈，搜集了大量有关乡村财务管理的资料，这些通过实地调研收集的第一手资料为本文的顺利完成奠定了坚实的基础。

（二）经验总结法

花费大量时间走访了很多基层财务人员，对各地乡村财务管理中所存在的问题、形势进行了分析和总结，认识到乡村财务管理必须要根据各地实际情况，有针对性地选择村财村管、“双代管”、乡村会计委派制、村民民主自治、民主决策等多种并存使用的方式，才能健康稳定地推进乡村财务管理。

（三）比较分析法

笔者在研究过程中，时刻注意把握乡村财务管理同企业财务管理在管理目标、管理方式、管理内容、管理原则、管理环境上的区别，深刻意识到乡村财务管理应采用与企业财务管理不同的方法，乡村财务管理应更侧重于资金使用上的合理性以及管理上的民主性、公开性和实效性。

（四）文献研究法

笔者在搜集了大量实践调研资料后，也对现有的国内外与乡村财务管理模式有关的研究成果进行广泛的整理和阅读，用理性的思维、正确的科学研究态度对文献进行了分类和梳理。在研究过程中，借鉴和参考了观点相同的部分文献资料，也对观点不同甚至相悖的一些文献进行了深入的思考和讨论，这对本文的研究提供了多元化的思路。

第二章　乡村振兴背景下乡村财务管理模式的相关理论

第一节　相关概念

一、乡村振兴战略

2017 年，党中央提出实施乡村振兴战略。实施乡村振兴战略推动农业乡村现代化的重大战略部署，是新时代开展“三农”工作的总抓手。为了进一步深化乡村振兴战略，从 2018 年起，先后出台了《中共中央 国务院关于实施乡村振兴战略的意见》《乡村振兴战略规划（2018—2022 年）》《中共中央 国务院关于全面推进乡村振兴加快农业农村现代化的意见》等一些关于乡村振兴战略的文件，在文件中明确指出了实施乡村振兴战略的指导思想、目标任务、根本原则等农业乡村发展的相关内容。

新时代，我国农业农村发展进入新阶段。党中央深刻把握农业农村发展现状和当前我国经济社会发展需要，意识到必须要把农业农村工作作为全党工作的重中之重深入推进。为此，党中央提出乡村振兴战略要“坚持农业农村优先发展，按照产业兴旺、生态宜居、乡风文明、治理有效、生活富裕的总要求，建立健全城乡融合发展体制机制和政策体系，加快推进农业农村现代化”。以此为基础，进一步对实施乡村振兴战略的内涵、原则、目标、要求、任务等进行研究。

（一）乡村振兴战略的提出

一直以来，党中央始终把“三农”问题作为工作的重中之重，持续推进农业农村快速发展。党的十八大以后，党和政府高度重视农业农村发展，并取得一定成效。据联合国恩格尔系数区间显示，我国农村居民恩格尔系数由2012年的39.3下降至2017年的31.2，处于联合国根据恩格尔系数划分的相对富裕阶段。乡村经济发展带动农业产业发展，农业生产效率不断提升，农业综合生产能力大幅增长，粮食产量稳步提升。乡村基本医疗卫生等公共服务水平不断提升，甚至部分公共服务水平已趋近城市水平。随着我国精准扶贫战略的大力实施，我国贫困人口由2013年的8249万人减少到2017年的3046万人，减少了5203万人，我国的脱贫减贫工作取得举世瞩目的成绩。党的十八大以来，我国乡村经济建设稳步提升，物质产品极大丰富，为实施乡村振兴战略提供了重要的发展基础。

实施乡村振兴战略是在我国经济持续向好、农业农村发展取得显著成就的基础上提出的推进我国城乡协调发展，解决乡村突出问题的重要战略部署。实施乡村振兴战略“要坚持农业乡村优先发展，按照产业兴旺、生态宜居、乡风文明、治理有效、生活富裕的总要求，建立健全城乡融合发展体制机制和政策体系，加快推进农业乡村现代化”。此后，《中共中央 国务院关于实施乡村振兴战略的意见》进一步明确，实施乡村振兴战略，“要统筹推进乡村经济建设、政治建设、文化建设、社会建设、生态文明建设和党的建设，加快推进乡村治理体系和治理能力现代化，加快推进农业乡村现代化，走中国特色社会主义乡村振兴道路”。至此，乡村振兴战略正式在我国确立。

乡村振兴战略是党中央站在中国特色社会主义进入新时代的历史方位下根据当前我国的基本国情对“三农”工作作出的重要战略部署，成为新时期开展“三农”工作的总抓手。

（二）乡村振兴战略的内涵

进入新时代，基于我国社会主要矛盾的变化，乡村振兴被赋予了更加丰富的内涵。从党中央对乡村振兴战略的论述来看，其内涵包括五个方面：乡村振兴战略覆盖农业农村农民问题，乡村振兴战略要坚持农业农村优先发展，以全面振兴为内在要求，以城乡融合发展为途径，以实现农业农村现代化为目标。

乡村振兴战略覆盖农业农村农民问题。乡村振兴是全局性的重要战略部署，全面覆盖农业农村农民问题。实施乡村振兴战略首先要大力发展现代农业，坚持质量兴农、绿色兴农、科技兴农的基本线路，推动农业供给侧结构性改革，逐步完善农业体系，引导农业生产向高质量、创新性发展。其次要改善乡村生态环境、培育乡风文明和提高治理能力。改善乡村生态环境要加强生态环境整治，实现生态宜居乡村目标；培育乡风文明要加强文化内容和形式创新，不断提高乡村文明程度。提高治理能力，“要健全党组织领导的自治、法治、德治相结合的乡村治理模式，构建共建共治共享的社会治理格局，走中国特色社会主义乡村善治之路”。最后要着力提高农民的生活水平，按照抓重点、补短板、强弱项的要求，加快乡村发展，千方百计拓展农民增收渠道，提高农民的收入水平，让农民群体有幸福感、获得感。

为了解决城乡发展矛盾这一难题，乡村振兴必须坚持农业乡村优先发展，要着力解决农产品阶段性供给不平衡的问题，提高农业供给质量；培养新型农民队伍，提高农民群体市场竞争力，满足生产力发展的要求；加强乡村基础设施建设，修复和改善乡村生态环境；扩宽农民就业渠道，积极为农民创收提供机会；建立健全乡村医疗卫生保障体制机制；健全基层治理体系和能力现代化建设；以及创新乡村金融体制机制，推动城乡资源流动互通互融。

乡村振兴战略要以全面振兴为内在要求。实施乡村振兴战略要按照“产业兴旺、生态宜居、乡风文明、治理有效、生活富裕”的总要求持续推进。总要求从经济、政治、文化、社会、生态五个方面对乡村振兴战略作出定位，既是对党的十八大提出的“五位一体”总体布局的回应，也与乡村振兴战略五大振兴目标相契合。乡村振兴，产业兴旺是重点。推动乡村经济建设，按照产业兴旺的要求，激发乡村产业活力，实现产业振兴目标。乡村振兴，生态宜居是关键。推动乡村生态文明建设，按照生态宜居的要求，保护和恢复乡村生态环境，实现生态振兴目标。乡村振兴，乡风文明是灵魂。推动乡村文化建设，按照乡风文明的要求，培育文明乡风内容和形式，实现文化振兴目标。乡村振兴，治理有效是保障。推动乡村政治建设，按照治理有效的要求，在人才队伍的支撑下构建自治、法治、德治相结合的乡村治理体系，实现人才振兴目标。乡村振兴，生活富裕是根本。推动乡村社会建设，按照生活富裕的要求，以基层组织为重要抓手，带领农民发家致富，让广大农民生活好起来、富起来，有幸福感和获得感，从而实现组织振兴。

乡村振兴战略要以城乡融合发展为途径。城镇化是经济社会发展的必然阶段。当前，我国仍然处于城镇化高速发展的阶段，未来仍会有大量的乡村人口涌向城镇。因此，乡村振兴要积极与城镇融合，使两者互为支撑、相互促进。一方面要充分发挥政府的规划引导作用，更为主动地将财政投入向乡村倾斜，社会建设公共资源向乡村投放，基础公共服务向乡村延伸，解决好广大农民最关心、最直接、最现实的问题。另一方面要发挥市场在资源配置中的作用，引导更多的社会力量投入乡村建设，释放乡村庞大的潜力。

乡村振兴战略以实现农业乡村现代化为目标。党的十九大以后，我国即将全面建成小康社会之际，党中央对我国社会主义建设提出了更高的目标和要求，即到2035年基本实现现代化，2050年建成社会主义现代化强国。社会主义现代化建设包括工业、农业、军事、科技等方方面面内容，农业现代化也必然是其重要组成部分。实现农业乡村现代化一是要实现农业现代化，创新农业科技，加强科学技术在农业生产中的应用，从而提高农业生产效率。二是要实现乡村现代化，加强生态环境建设、乡村文明建设、治理水平建设，实现乡村生态宜居、乡风文明、治理有效的现代化水平，建成社会主义新乡村。三是要实现农民生活富裕，要千方百计为农民创造就业机会，增加低收入群体收入，扩大中等收入群体规模，提高农民整体生活水平。

二、乡村财务管理

乡村财务管理，是指对直接归农民集体占有、支配、管理的各项资产所发生的收入、使用、分配等财务活动进行的核算、计划、监督与控制的这一过程。

乡村财务管理主要包括健全财务会计制度、规范账务处理程序、建立民主管理机制、财会人员培训上岗、拓宽审计监督渠道、实行会计电算化管理。

乡村财务管理工作关系农民的切身利益，搞好乡村财务管理工作是乡村振兴战略的重要内容，也是维护乡村稳定的基石。财务管理是乡村事务管理的核心，加强和规范乡村财务管理，健全民主理财制度，加大财务公开力度，不仅可以切实维护农民的知情权、参与权、决策权、监督权，促进乡村事务管理民主化，也能进一步激发广大农民群众的首创精神，调动农民群众的积极性，为乡村振兴战略提供重要保障。

2013 年 6 月，为进一步加强和规范村级财务管理工作，农业农村部、财政部、民政部、审计署联合发布了《关于进一步加强和规范村级财务管理工作的意见》。

第二节　理论基础

一、乡村财务管理模式改革的法理基础

学术的思考，制度的创新，必须建立在法制的基础上，建立在促进社会进步和人类发展的基础上，否则就失去了存在的价值和意义。乡村财务管理模式的研究有其特殊的现实背景。乡村地区的乡（镇）一级政府是中国的基层政权，归属国家行政直接管理，而村民委员会则是乡村基层群众的自治组织。《中华人民共和国村民委员会组织法》（以下简称《村民委员会组织法》）就明确指出“村民委员会是村民自我管理、自我教育、自我服务的基层群众性自治组织，实行民主选举、民主决策、民主管理、民主监督”。要对我国乡村财务模式进行改革，从法律角度厘清二者之间的关系就显得非常必要。《村民委员会组织法》作为村民自治的基本法律，第五条明确规定了二者的关系：“乡、民族乡、镇的人民政府对村民委员会的工作给予指导、支持和帮助，但是不得干预依法属于村民自治范围内的事项。”

在此，本书要探讨的焦点是乡村的财务管理模式是否属于村民自治范围内的事项。结合对《村民委员会组织法》第二十四条的解读，笔者发现村

民财务自治的范畴主要指向集体经济及与集体经济具有直接相关性的经济活动。从立法目的来看，该条规定从根本上说是以限制村民委员会的权力而保障广大村民的集体利益为依归的。我们知道，财务管理模式的选择主要是根据财务管理的具体内容，而不是由国家相关的行政命令决定的。当下，乡村财权的全面上移已经形成一种不可逆的趋势。这种趋势的形成原因是复杂的：一是个体经济的繁荣导致村会计在对本村进行业务确认、计量和记录的事项大规模减少；二是国家的惠农政策中所体现的“少取”使原有的需要委托村会计进行核算征收的业务变少；三是乡村金融的发展使原来很多需要委托村会计进行核算发放的资金直接通过金融机构就可以办理，导致村会计在原有的这一块业务变得相对简单；四是我国现阶段正在实施乡村振兴战略，乡村在大发展过程中所使用的资金大多直接来自财政拨款，只有少量是村民自筹。简言之，以上四点客观上反映了乡村的发展已越来越直接依赖于政府的财政拨款。而通过对《村民委员会组织法》第五条及第二十四条进行综合分析，结合客观实际，不难得出如下结论：第一，村民财务自治主要限于集体经济所产生的利益及其分配，而不涵盖财政拨款；第二，乡村财务管理权和监督权上移至乡（镇）一级既反映了乡村经济社会发展形势的客观要求，也合乎村民自治的法律精神，并未“干预依法属于村民自治范围内的事项”。不能盲目地去判断乡村财务管理模式未来的走向，但是通过这样的分析，可以明确的是目前中国乡村所普遍推崇的会计委托代理模式是必要的，也是会计监督的一个重要手段，即使直接在乡村财务管理中实行会计委派制也是一种理性的合法选择。甚至这一做法更加有利于推动《村民委员会组织法》的贯彻和执行，实现真正意义上的村民自治。

就目前的研究而言，大多数专家学者都把目光单纯地集中在乡村财务管理的研究上，没有将乡（镇）一级的财务管理与乡村财务管理充分地融在一起，没有将乡村经济的发展和国家行政管理充分地融在一起，没有注意到村民委员会的自主独立是一种国家法治管理下相对的自治，而不是全面的无约束的自治，没有考虑到当外部环境的变化和既定的制度发生冲突的时候需要进行制度的变迁和完善，而是一味地强调村民委员会的自主独立，认为乡镇一级对其财务进行管理和监督就是挑战和破坏这种自主独立的地位。

二、制度变迁理论

新制度经济学认为，制度变迁是指制度的替代、转换与交易过程，实质是一种效率更高的制度对另一种制度的替代过程。制度变迁的方向总是为了改善资源配置而设置。资源配置的过程就是一种制度安排在博弈过程中向另一种制度安排转变的过渡。纵观乡村财务管理模式的变迁过程，不难发现，变迁的轨迹就是一个自我完善的过程，完全按照乡村财务“村账村管—村财村管—会计委托代理制—双代管—乡村会计委派制的轨迹运行的。在这一变迁过程中，基层政府不断加大对乡村财务管理的力度。“村账村管”模式就是整个变迁轨迹的起点，“村财村管”模式是对“村账村管”模式的完善和发展，“会计委托代理制”是对“村账村管”的进一步规范和完善，而“双代管”又是对“会计委托代理制”的继承和发展。到目前为止，整个变迁过程持续了半个多世纪，并且在不断地调整和规范。改革开放以来，乡村经济获得了长足发展，经济的不断繁荣和财务管理模式相对落后之间的矛盾逐渐突出。在矛盾的不断涌现和逐渐解决的过程中，要提升乡村财务管理的效率，需要一个有效的创新型的富有实践性的模式。

在《西方世界的兴起》一书中，道格拉斯·诺斯（Douglass North）开门见山地指出“有效的经济组织是经济增长的关键，一个有效的经济组织在西欧的发展正是西方世界兴起的原因之所在”。在实践中，经济繁荣程度较高的东南沿海省份率先突破了原有乡村财务管理模式的限制，引入委托代理理论，并在此基础上，根据外生变量不断进行创新和完善，引发了学界关于乡村财务管理模式的思考和探讨。

三、委托代理理论

委托代理理论，是随着企业不断发展，所有权和管理权（以下简称“两权”）逐渐发生分离，为促进企业更好地发展，企业所有者委托管理者为其代理企业的管理事务。但由于“两权”所有者的信息并不对称，导致简单的委托和代理行为容易给彼此造成不必要的损失和误会，最终将会使企业经济发展受到影响，所以，针对委托代理的思考不断增多，且逐渐形成管理学中的相对完善的理论体系。这一理论在其他学科的实践过程中也得到相对广泛的应用。

在乡村财务管理中，乡村资产和债务的所有者为全体村民，但是，基于管理成本的考虑，并不能由所有村民来对所有的经济事项进行管理，所以，在实践中，村民通过民主选举，产生了村委会，并将对全村资产和债务的管理委托给村委会进行。这种委托代理是基于一种共同的目标，那就是使全村村民共同走向富裕。同样地，当经济发展到一定程度，由村委会行使的财务管理权力和全体村民的所有权之间由于信息不对称，彼此之间产生不信任，甚至是矛盾，导致这种委托代理难以继续维持，所以，村民在传统模式的基础上进一步将这种财务管理的权力委托给乡镇一级进行管理，以保障全体村民的既得利益不受损害。

但是，值得注意的是，这种委托代理是在原有模式、原有思维下的一种微调和转变，不代表是最合理的。因为在乡村振兴战略大背景下，乡村财务管理在内容上发生了很大转变，现金流的发生已经不再是完全因为村民原有的资产和债务，而是乡村振兴战略过程中由政府主导的财政支出。

这里阐述了乡村财务管理模式改革合法性理论、制度变迁理论、委托代理理论等理论对我国乡村振兴战略背景下的乡村财务管理模式进行了深入分析。理论联系实践，解释了我国在乡村财务管理模式的改革过程中所遇到的一些问题和困扰，并为进一步对其进行完善和修正提供了理论支撑。

第三章　乡村振兴背景下乡村财务管理面临的挑战和机遇

第一节　乡村振兴对乡村财务管理提出的挑战

乡村财务管理模式是乡村财务管理的重要组织形式，在一定程度上决定了乡村财务管理的弹性和有效性，所以，模式的改革和发展直接关系到农民群众的切身利益，一直广受各界人士的关注。虽然经过了很长一段时间的集中治理，许多问题得到了有效的解决，但总体来说，乡村财务管理模式的现状依然存在一些问题，主要表现在以下三个方面。

一、财务管理模式选择不科学合理

到目前为止，我们可以归纳和总结出来的，在各地使用范围较广的乡村财务管理模式主要有四种，即“村财村管”“会计委托代理制”“双代管”和“乡村会计委派制”。这四种模式最本质的区别就是会计人员的选用模式不同，进而导致乡（镇）一级对乡村财务的管理程度不同，且依次由少到多。对于这四种模式的选择，并不能随意而为，也不能大范围内一刀切，毕竟各地经济发展状况并不一致，关于“三农”的经济业务和资金往来情况也有很大差别。“会计委托代理制”，这一模式一定程度上适应了我国现阶段“三农”经济的发展水平，但这种水平所指的是平均水平。在实践中，由于该模式的弹性有限，在我国乡村经济发展的不均衡的客观现实下并不能满足所有乡村地区的发展需要。同时，大范围内普遍推行相对单一的模式，也违反了财务管理的原则。因此，在理性状态下，经济业务、资金往来数量和频率都比较小的地区适宜选择“村财村管”模式，随着经济业务、资金往来数量和频率的不断增多，依次应该选择“会计委托代理制”“双代管”和“乡村会计委派制”，即经济业务、资金往来数量和频率很高的村应该选择“乡村会计委派制”。

二、财会队伍业务素质较低，财务管理模式难以发挥效用

虽然很多省份和地区逐渐推行乡村会计职业化管理，但部分财务人员的业务素养有待加强，更不用说及时发现和解决乡村经济运行中的问题，对乡村财务实行有效的监督和管理。在实务中，会计人员对原始票据的真实性和规范性不认真审查，很多地方的账簿没有设置明细账、往来账、现金日记账等。加上会计人员变更时，没有按照相关法规规定执行，出现财务移交不及时，交接手续不健全甚至没有交接手续的现象，使财务的连续性受到极大挑战，“包包账”“无头账”时有发生。在财务管理实践中，具有一定专业素养和职业道德的财会队伍是保证模式运行的基本保障，如果失去了这一保障，再好的模式也难以发挥其效用。

三、监督力度较小，乡村财务管理模式运行受到阻碍

对乡村财务管理的监督，应是行政主管部门、审计部门和农民群众三方

共同进行的。但是，在实际操作中，有的行政主管部门“双代管”流于形式，对乡村的财务往来、资金流向没有实行有效的监督检查，加上有的乡镇审计人员业务素质不高，对一些不合理甚至不合法的开支、不符合相关规定的票据未能严格把关，使其顺利通过审计。甚至有的审计人员违反政策规定进行审计，审计程序变成走走过场，形如虚设。同时，由于各种因素影响，民主理财小组也无法发挥其原本的监督作用，财务公开的非正常化，导致农民群众的监督难以到位。以上种种，削弱了各部门的监督力度，无形中为原本就不健全的乡村财务管理模式提供了更多犯罪的可能，使财务管理模式的进一步完善和发展受到严重影响。

第二节　乡村振兴背景下乡村财务管理面临的机遇

“经济越发展，会计越重要”，这句尽人皆知的话表明会计的重要程度依附于经济的发展水平。乡村会计循环程序模式、财务管理模式的选择，一方面要考虑当地的经济发展状况和村民自治过程中基于客观现实的自我决策；另一方面是政策性的宏观引导，而这种宏观引导往往也立足于现实，其方向和趋势都是顺应民意和符合客观规律的。通常，经济发展水平越高，经济业务量会越多，发生的速度和频率也会越快。因为经济的业务量不同，发生的速度和频率也不同，所以有相对数量的模式存在。随着经济的不断发展，以及各地充分结合当地实际状况，肯定会有越来越多的新模式产生。

从我国的发展历程来看，中华人民共和国成立初期所走的道路是二元化发展模式，也就是牺牲农业优先发展工业，使乡村的经济发展受到一定影响。时至今日，工业发展到一定程度，乡村经济的相对滞后已经影响国民经济的进一步发展，所以，必然会补偿性或安慰性地给乡村提供倾斜性的优惠。笔者认为，村民的高度自治这一条件便是当时特殊历史条件下的一种选择。随着时间的变迁，经济的发展，社会的进步，农业在全国经济发展中的地位越发突出，长期的分权管理所带来的问题也不断显现，“三农”问题成为一个被广泛关注的焦点。经过数年的发展积淀，加上乡村振兴战略的实施，整个乡村的外部会计环境发生了很大变化，必然为原本相对平静的乡村财务管理带来新的活力和发展机遇。

一、传统的乡村财务管理模式概述

所谓传统的乡村财务管理模式，通常是指“村账村管”，即由村民自治委员会直接聘请具有一定能力的财务人员从事乡村集体经济组织的财务会计管理。1985 年 1 月 21 日，我国第一部会计法——《中华人民共和国会计法》由第六届全国人民代表大会常务委员会第九次会议通过，并于同年 5 月 1 日起施行。这部法律的正式实施，要求“从事会计工作的人员，必须取得会计从业资格证书”，这就使乡村会计也必须走上职业化道路，这一转变无形中对“村账村管”模式又做了一次完善。但根据这种管理模式的要求，在业务上，乡村财务必须接受乡镇农经站（或乡镇财政所）的指导和监督，在管理上，乡村财务会计人员需要对村委会负责，村委会对全村村民负责。

“村账村管”模式最初出现在 20 世纪 70 年代末期，也就是家庭联产承包责任制初期，以 1978 年 12 月党的十一届三中全会召开为标志。当时，乡村经济组织体系发生了历史性的变化，由以往的“三级所有，队为基础”转变成“统分结合”的双层经营体制，因为当时的生产队自然解体，全国绝大多数地方的农户都成为基本的经营单位。受此影响，乡村财务管理模式也发生了巨大变化，财务会计核算主体随着生产队的解体而转变为以生产大队（村）为核算主体，并随着时间的不断推移，实践的不断丰富，经验的不断成熟，逐渐形成了“村账村管”模式。

直到21世纪初期，“村账村管”模式在乡村财务管理模式中依然占据重要地位，与之相适应，有关乡村财务管理的法律法规、财务制度都充分地借鉴和引用了在此模式中所积累的经验和思考。在这种模式下，乡村集体资产的所有权、使用权、收益权、处置权等全部由村组织或村民来行使，在法律允许范围内，各级党政机关，特别是地方乡镇一级的政府几乎不干预，使其拥有最大程度的独立性和自主权。基于以上优点，在当时，大部分乡村采用了这种财务管理模式。

二、乡村振兴战略对乡村财务管理产生的影响

反观我国近年的乡村振兴战略历程，我们可以发现，在实践过程中，客观上我们采取的惠农政策是“少取”，在“少取”的基础上更加大了“多予”的政策。然而，无论是“少取”还是“多予”，都客观上要求乡村财务管理模式不断调整，以更好地为“三农”经济、全国经济的健康稳定发展提供保障和支持。

众所周知，村民委员会是联系政府和群众的纽带，除自治的功能外，更多地承担了“上传下达”的任务。在乡村税费改革之前的那个“村提留，乡统筹”的年代里，对于村会计来说，除了对本村相关资产负债的会计确认、核算和记录之外，主要的工作对象是发生在政府和群众之间的经济往来和现金收支，这其中，各种涉农税费的收取和补贴占据了很大的比例。但是，随着我国乡村税费制改革的铺开，乡村会计经手的业务越来越少，所牵涉的业

务金额也越来越少，对社会经济的影响日益减弱。

随着乡村振兴战略的不断深入，在“少取”的基础上，党和国家又政策性倾斜地给依靠土地生存的农民更多的实惠，而且按照新时代的要求，加大了对乡村经济、政治、文化和社会等方面的建设投入。这结束了中国农民两千多年来缴纳“皇粮国税”的历史，这样大规模的投入，对乡村经济乃至全国经济的发展提供了重要保障。从会计学的角度来看，现金流从量上无疑是飞跃，从速度上也是对传统财务管理模式的一种挑战，依靠“村账村管”的传统模式，能否真正完成如此大量的现金流管理，能否真正实现资金投入的有效性，都是值得怀疑的。因此，“少取”使传统的乡村财务管理变得“无事可做”，而“多予”又瞬间对原有的管理模式造成了挑战，这“一冷一热”最终使得“村账村管”这种模式像冷却的玻璃杯里突然倒进热水一样瞬间破裂。于是，新的财务管理模式必然会出现，并且因为我国东中西部经济发展的差异和乡村振兴战略投入力度的不完全一致，使各地都在实践中探索出相对符合本地区经济发展的乡村财务管理模式，但无论哪种模式，都体现了乡村财权上移这一趋势。

第四章　乡村振兴背景下的乡村财务规范化管理

第一节　乡村财务管理规范化的主要内容及评价指标

一、乡村财务管理规范化的主要内容

（一）相关概念

1. 乡村振兴战略

乡村振兴战略是在中国特色社会主义进入新时代，围绕新时代“三农”问题，加快农业农村现代化步伐，加快推动我国农业大国向农业强国迈进的重大战略举措。在第二、第三产业高速发展的新时期，农业农村的现代化发展亦要逐步提上日程。我国乡村振兴战略的总目标是实现农业农村现代化，到2020年我国的乡村振兴取得重要进展，基本形成制度框架和政策体系；到2035年取得决定性进展，基本实现农业农村现代化；到2050年，乡村全面振兴，全面实现农业强、农村美、农民富的目标。

乡村振兴战略是我国农业农村现代化发展理论与实践相结合的伟大创新。产业兴旺、生态宜居、乡风文明、治理有效、生活富裕是乡村振兴战略

的总要求。产业兴旺指的是打好经济建设的地基，促进乡村资源的优化整合、产业的优化升级、农村经济的优化转型、农村集体和农民的收入明显增长。生态宜居是生态文明建设的首要任务，主要是农村生活环境的美化，基础设施的完善，对环境友好的新型生态产业与农村生态环境的相辅相成。乡风文明是我国文化建设的构成部分，主要是广大民众思想观念的文明转变，乡村传统文化的传承，农村社会大环境的和谐构建，农村文化基础设施的建设，文化软实力的提升。治理有效是政治建设的重要目标，指的是农村基层组织的有效建立，农村民主自治的完善，村组织决策和机制的创新。生活富裕是社会进步的根本要求，主要是农民有参与民主管理的权利，实现村集体与个人的共同富裕，共同分享农业农村现代化的成果。

2. 乡村综合治理

华中师范大学徐勇等学者最早在20世纪末提出“乡村治理”这一概念，主要用来实现中国农村社会下“乡政村治”治理的分析。从公共产品供给的角度来看，专家学者将乡村治理定义为，是以实现集体和民众利益为核心的，由相关政府部门以及乡村的其他社会机构为农村发展提供公共服务的活动，对乡村事务的有序管理，形成良好的乡村秩序，促进乡村善治的过程和状态。

乡村治理的方式以协同共治为主，旨在促进农村社会的全面发展，解决发展中现实存在的问题，包含农村社会管理和自主管理，以实现农村的有序发展，实现农村发展、农民富裕的目的。从乡村治理过程中的各方面主体来看，乡村治理指的是乡村中的各利益主体互相促进的状态，是为了实现农村的集体及个人利益，从而实现农村社会的发展。乡村治理主体包含两个方面，一是国家权力主体，主要是指镇一级的党委、政府、人民代表大会及其相关附属职能机构，也包括来自上一级政府部门的影响；二是农村地区各类组织，主要包括村级党组织、村民自治组织、村务监督组织、农村集体经济组织、农民专业合作社等，以及少数相关的群团和社会组织等。如果将乡村治理进一步聚焦为村级组织的自我治理、自我发展、自我服务，也不完全排除外在影响的话，那么此时的乡村治理就可以称之为村级治理。从村民自治的角度出发，乡村治理即农村实现全方位自我管理的过程。

（二）乡村财务管理规范化的具体含义

当前我国对乡村财务管理的研究大部分从定义、内容以及管理模式入手。各地政府对乡村基层组织的财务管理制度也作出了结合本地实际的规范性说明。乡村集体经济组织能用来促进乡村发展的资金、资产和资源称为乡村财务。乡村财务管理在内容上主要包含乡村集体资产管理与乡村财务收入支出管理。资产管理主要是指管理属于乡村集体可支配的各项资金和资产，如支农的专项资金、村集体所持有的资产等；财务收入支出管理主要是指管理乡村财务在日常工作中发生的收入与支出以及要对收入与支出的明细公正公开，并依据相关法律法规合理收支。乡村组织的收益可以通过一事一议的方式获得乡村基础建设资金，也可以通过村集体的经济增长增收。

乡村财务管理在制度上包括建立乡村财务会计制度、规范乡村财务程序，建立民主监管制度、合理审计监督等方面。村里的每一项经济活动都离不开财务的支持，比如村基础设施的建设、村容的改造、乡村集体资产的维修资金和村里年老、贫困人员的生活起居等，所有关于资金的收入与支出，都称为乡村财务管理。

其一，乡村财务管理的规范化内涵反映了乡村财务管理的特征本质。乡村财务管理的规范化是对现阶段乡村基础组织的财务管理水平的新要求。在当前乡村振兴、农业乡村现代化发展的大环境下，乡村财务管理的规范化在乡村综合治理方面有重要作用。

其二，乡村财务管理的规范化内涵是在乡村基层组织财务管理规范化的标准下发展实践中精炼出来的。乡村财务管理规范化在乡村基层组织财务管理的实务处理中起到过渡和承接作用。乡村综合治理的新发展，农业农村的现代化，需要依靠乡村财务管理的规范化建设、乡村财务管理制度的完善、民主监督体系的建立健全、财务工作方式的改变，努力实现财务处理规范、财务制度健全、民主监督有效、民主管理手段科学化的乡村财务管理的新进步。

（三）乡村财务管理规范化的特点

首先，乡村的集体经济是全体成员的共同财产，是集体所有的，任何单位、组织或个人不得侵占、私吞和挪用；其次，乡村基层组织的存在就是为了维护本村集体利益的，要为乡村全体成员负责，核心是要保护基层集体和成员的合法权益，做到村民管理、集体受益；最后，乡村基层组织的最重要的一环是实现乡村财务公开和乡村事务民主管理。

（四）乡村财务管理规范化的意义

乡村治理体系和治理能力提升是实施乡村振兴战略不可或缺的一环，而提升乡村治理能力、发挥乡村经济组织功能、规范乡村财务管理是关系乡村治理成效的重要一环。当前我国乡村人口多，群体庞大，我国的乡村财务管理中存在着一些可以提升的方面，乡村财务管理不规范、不合理会损害广大农民的切身利益，进而影响乡村的安全稳定发展，产生不稳定因素，阻碍我国农业乡村现代化发展。只有乡村经济在健康的道路上奋力前行，乡村各项事业的建设工作才能有条不紊地展开。实现农业乡村的现代化发展要坚定不移地贯彻新发展理念，坚持稳中求进的工作总基调，坚持加强党对“三农”工作的全面领导，坚持农业乡村优先发展，以推动高质量发展为主题，加快构建新发展格局要求，巩固和完善乡村基本经营制度。因此我们要充分认识到新形势下乡村财务管理规范化建设的重要性、紧迫性，把它作为乡村工作的一项重要内容。

乡村综合治理视域下规范我国乡村财务管理具有重大现实意义和深远历史意义。首先，乡村的社会稳定和安全很大程度上取决于乡村财务管理是否健康。规范我国乡村财务管理能使乡村经济得以健康发展，有利于改善我国现存的财务管理问题，提升乡村的经济发展水平，实现农业农村现代化。而且，乡村财务管理的规范，有利于提高农民收入、提升农民的生活水平，因此规范乡村财务可以调动农民的积极性，促进农业升级、乡村发展、农民富裕，为乡村经济的发展保驾护航。其次，乡村财务管理的规范化能为基层民主保驾护航，能保证农民行使他们的民主权利，提高乡村居民对乡村集体经济的监管力度，促使村干部在行使权力时加强自律。最后，乡村财务的规范化管理有利于促进基层党风廉政的建设，构建和谐的党群关系。通过加强乡村财务管理，严整乡村财务纪律，促使村干部廉洁自律，保证乡村集体经济的高速发展，提升乡村组织的战斗力、凝聚力，才能保证乡村集体资产的有效性，维持良好的干群关系。

二、乡村财务管理规范化评价指标

村集体经济的资金健康、资产稳定、资源安全很大程度上都取决于乡村财务管理的规范化，也关系乡村集体经济组织及村民的利益，是乡村发展与稳定的奠基石。从这个角度出发，乡村财务管理是农民最关心的问题之一，也是乡村综合治理的重要内容。为了规范当前的乡村财务管理，需要有对应的评价指标的建立，可以从以下五个方面来进行评价。

一是乡村会计人员素质的高低与选拔的机制是否完善。乡村中具有较高学历及专业技能的年轻人多向往城镇就业，留在乡村的人员大多学历不高，专业技能不足。乡村财务人员普遍年龄较大，高学历、财务会计专业出身的人数不多，大多财务人员财务知识比较匮乏。另外，乡村财务人员的选拔机制有待完善，任用乡村财务人员很少经过公开招聘，在选拔财务人员时，通常按村干部的意愿，且选拔的流程也不规范、不严谨，导致一些根本不懂业务、没有专业知识或是业务生疏的人员上岗。乡村财务人员的专业水平、素质，对相关会计法律法规的理解有很大的影响，也会引起在处理会计账务过程中的操作不规范、财务工作的流程不熟练等连锁反应，会对乡村财务管理的规范化建设造成很大的影响。

二是乡村财务管理制度是否健全、是否执行到位。制约乡村财务管理规范化的最基本原因是乡村财务管理制度的不完善以及制度的执行存在问题。财务管理制度的设置需要与相关法律法规相符合，与地方的实际情况相匹配，常常会出现一些财务管理制度脱离当地乡村的实际的情况，使制度在执行的过程中无法落实，流于形式。在日常的财务工作中，财务会计制度的执行不到位、不规范，会影响账务处理的及时性，一些收入支出没有及时地进行报结，导致账务长期积压，最后账目理不清、账实不符，增加了财务工作的难度。

三是财务信息公开与披露是否及时有效。乡村的财务公开是乡村“三务公开”的重点，是为了体现民众的民主权利，让民众对本村的财务状况、经济收入、财务支出一目了然，使乡村组织的行动能在村民的监督下有效地运行。乡村财务公开和民主理财是监督乡村财务最优的方式，财务公开的不及时、不规范，容易造成乡村集体资产的损失，易引发干部群众的关系紧张，损害群众的利益。对一些牵涉到群众利益的重大经济事项，如果村干部不通过民主理财小组或者是乡村大会的讨论，事后也没有及时有效地公开，使民主理财小组形同虚设，会严重阻碍村集体与村民的利益，造成村民不满意。

四是乡村财务信息化发展是否健全。当前部分乡村的财务信息化建设是不健全的，乡村财务电子化进程仍需要努力，新时代要用新发展观念看问题。我国信息化的建设对乡村的信息化发展也提出了新要求，乡村财务信息化的发展能促使乡村财务工作跳跃式的发展，对农业农村现代化建设有重要意义。

五是审计监督制度是否执行到位。在乡村财务管理过程，审计监督制度的执行是至关重要的，对财务处理能起到督促作用。上级管理部门及乡镇的监督部门要明确对乡村财务的监管工作，对集体资产的处置、财务的处理、经营收入支出的管理方面有具体的监督制度。对村干部日常工作起到监督作用，促进村集体的健康发展，促进农业乡村的现代化建设。

第二节　乡村振兴背景下乡村财务规范化管理的新要求

一、规范乡村财务管理，推动乡村振兴战略的进程

农民问题是关系我国民生的根本性问题。实施乡村振兴战略，是党中央着眼于推进“四化同步”、城乡一体化发展与全面建成小康社会作出的重大战略决策，同时是推进农业乡村的现代化、提高广大农民获得感和幸福感、巩固党在乡村的执政基础和实现中华文明伟大复兴的必然要求。坚持农业农村优先发展，建立健全城乡融合发展体制机制和政策体系，加快推进农业农村现代化，成为有效化解乡村社会主要矛盾的必然选择。

在乡村振兴过程中，乡村社会现代化的管理水平是基础，也是万源之本。要增强我国乡村现代化水平，提高综合竞争力，做到乡村财务管理的规

范化等财务工作至关重要。加强乡村财务管理水平就是为现代农业发展强基固本，对促进乡村综合治理提供强有力的经济支撑，有利于推进我国的乡村振兴战略。新时代的乡村振兴战略，核心是要尊重乡村的发展规律，缓解新时期乡村发展的社会矛盾和突出问题，提升乡村产业可持续发展能力和竞争力，实现城乡融合发展。

乡村振兴的经济基础是产业兴旺，产业兴旺具有丰富的内涵，是指打好乡村经济建设的地基，促进乡村资源的优化整合、产业的优化升级、乡村经济的优化转型、乡村集体和农民的收入明显增长。产业兴旺不仅要促进农业的兴旺，还要着眼于各产业的融合，依托乡村优质的景观资源、农业资源，大力发展文化体验、休闲度假、农业观光等农文旅高度融合的产业。因此要重视现代乡村的体系构建，优化产业体系、升级生产体系、完善经营体系，突出融合产业的品牌特色化与优质化，推动农业产业升级和多元化专业化发展，建立服务机制，加强培育新型的农业经营和小农户，实现小农户和现代农业的有机融合，逐步推进乡村振兴战略，打造具有特色风貌、优质配套、高效治理、品质环境的魅力宜居宜游的现代化乡村。

二、提高乡村资金使用效率，推进农业农村现代化建设

为了加强乡村财务管理，各乡村组织须及时有效地报告相关经费支出，形成乡村集体资产经营管理状况的工作报告，总结分析并上报上级的政府管理部门。上级主管部门能对各乡村组织使用经费的情况有全面了解，为其在制定相关政策、下发乡村资金时避免不必要的浪费，进而提高乡村资金的使用效率，推动乡村资金的有序健康发展。同时，村集体经济组织需要遵守《中华人民共和国会计法》《会计基础工作规范》《村集体经济组织会计制度》

等法律和国家有关规定，建立健全农村集体经济组织财务和会计制度。

一方面乡村财务管理的规范能进一步规范乡村的财务和管理行为，有助于经济责任制的确立以及民主监督制度的完善，可以有效地提升乡村资金的使用效率，推动乡村的发展。另一方面乡村财务管理规范化促进乡村委托代理制度、内部控制制度的建立，进一步降低相应成本和负担，真正实现高效节能，真正体现乡村会计的最大作用，提升日常村务工作效率，也能促进乡村资金的高效率使用。实现乡村集体资产规范化管理能促使乡村集体经济及村民的合法利益得到保障，促进乡村集体资产的保值增值，巩固和发展乡村集体经济，有利于提高乡村资金的使用效率，推进农业升级、乡村发展、农民富裕的农业乡村现代化进程。

三、规范乡村财务工作流程，促进乡村基层作风建设

规范乡村财务管理是为促进村集体经济工作有序开展打基础，有利于乡村基层作风建设。近年一些经济案件的发生，都会在会计上、财务管理上反映出来，这与很多财务管理问题有密切关系的，比如，一些乡村的财务日常账务处理混乱、民主监督不全面、不及时。火车跑得快，全靠车头带。基层治理水平要提升，基层组织建设是“关键招”，财务管理规范是“重头戏”。

一方面，在乡村财务管理上要做到程序有序、公平公正，推进清廉村居建设，加强各乡村财务管理，严肃乡村财经纪律，规范乡村经费支出行为，合理控制费用支出，及时发现乡村财务的漏洞。这样才能增强村干部廉洁自律意识，提高基层组织的战斗力、凝聚力，才能真正体现民主的意志，维护群众的权益，促进干群关系的有序发展。另一方面，促进民主积极参与乡村财务管理和监督，才能将不正之风苗头扼杀在摇篮里，促进乡村集体经济的

健康发展，才能在村干部和群众之间搭起相互沟通、相互交流的平台，形成和谐的氛围，进一步密切干群关系，加强乡村基层作风建设。

第三节　乡村财务管理案例分析

一、W 县 N 镇综合治理下乡村财务管理概况

（一）W 县 N 镇小城镇综合治理现状与乡村财务状况

W 县 N 镇目前已改造提升镇级“瓯江红”党群服务中心，完善“百姓书屋”、五枫银龄活动空间、健身器材室等 10 多个功能室。改造提升乡村党群服务中心 5 个，探索党建引领基层治理现代化样板，同时着手打造 1 个两新领域党群服务中心，构成完整的“镇—企—村”党群服务中心联盟。深入实施“领头雁工程”，村组织书记领衔壮大村集体经济发展项目，21 个村完成总收入 1867.9 万元，经营性收入 506.5 万元。打好脱贫攻坚战，深入实施“一户一干部”政策，“飞地抱团”增收项目累计入股 858 人。牵头推进村党建工作“比学赶超”，举办“村书记话党建、话振兴”活动。对接温州商学院，建立“温州商学院温商精神研学基地”，深入探索校地联合培养创新型人才的新模式；发展规模农业和高效农业，激发实用型绿领人才创业能力，建立了绿神农业种植专业合作社、顺发水果专业合作社、兰华家庭农场等农业经营主体；推动文化传承人才队伍成长，先后培养出刘伯温文化讲解员 13 人，推选“文成工匠”7 人，成立石雕工作室 2 个，助力 5 人成为县第五批非遗项目代表性传承人。统筹用才积聚能量。用活“𠂆金宿”水云涧和乐云山团队，侨家乐百汇阳轩和野舍等团队，组建 N 镇民宿党建联盟，为镇民宿

行业人才提供研讨、培训、交流的平台，借“侨家乐”民宿品牌打造东风，鼓励村党组织同民宿“联姻”。

但W县N镇乡村调解员业务水平有限，村民对乡村矛盾调解员的信任度不高，同时，在传统的乡村调解模式下，调解原则主要注重于合情、合理，在法律方面存在缺失，难以平衡调解双方诉求，调解双方认为自身利益受到损害，乡村调解员公信力受到个别群众质疑。为营造和谐稳定的社会环境，培养群众养成逐级调解矛盾纠纷的有序局面，W县N镇积极探索基层治理新路径，从矛盾纠纷调解上下功夫，抓队伍、搭擂台、畅渠道、提研判，促进矛盾化解率、群众社会治理满意度有效提高，社会环境有效改善，确保各项工作制度落实。

截至2022年12月，W县N镇小城镇整治总投资8308万元，其中自筹资金560万元。乡村可用总支配资金2354.43万元，乡村可用资金包括专项项目资金、乡村运转经费、公益林补助资金、耕地保护补助资金、捐赠款、奖励金、经营性收入、各类补偿款、帮扶资金、利息收入等。2022年度共进行147次财务结算，财务公开147次，完成清产核算、乡村财务审计、换届选举清账21个村，21个村总收入均在20万元以上，经营性收入均在8万元以上，配合巡查组巡查及问题整改已完成18个村，全镇行政村加入“抱团增收”。W县N镇于2020年组织村换届，21个行政村“一肩挑”人员均顺利当选，平均得票率94.28%，其中呈段村、新南村、高村民族村、高新村4个村得票率高达100%。“一肩挑”指的是村党组织书记、村民委员会主任、村股份经济合作社董事长由同一人担任。推行“一肩挑”后，村党组织书记肩上的责任也相应加大，必须履行好第一责任人工作职责：一是做优党建履职，负责主持党支部的全面工作；二是做强发展履职，统筹好村委会等乡村发展相关事项；三是做好经济履职，想方设法地壮大村集体经济。

严格控制乡村各项开支，深化乡村基层党风廉政建设。近年来W县有关政府部门制定了一系列乡村规范，如《W县村（居）干部廉洁自律若干规定（试行）》《W县关于进一步加强乡村非生产性开支监督管理的若干规定》《W县乡村集体经济组织“三资”管理办法（试行）》《W乡村组织运转经费使用管理办法（试行）》及《W县乡村经费支出管理规定》等有关规定。目前W县效果较好地为其创新了“五级抱团”的形式，采用跨村、跨乡镇、跨县、跨市、跨省多方法。W县2020年出台了经济薄弱村和低收入农户抱团增收的实施意见及细则，帮助低收入农户和经济薄弱村增收。W县兴村公司吸纳乡村的薄弱村和低收入农户资金，通过投资小微园、购置物业等项目，预计年收益率能达到8%，目前第一批12个项目已经开工。

（二）问卷调查与分析

为了了解W县N镇乡村财务的规范化程度，在当前小城镇综合治理下乡村财务管理还存在什么问题。在本次研究中，针对村干部发放《乡村财务规范化管理调查问卷》，有效增强了笔者对W县N镇的乡村财务管理现状的了解，在对发放问卷后对问卷结果及时进行整理统计，结合自身的专业知识，进而提出当前乡村综合治理视域下规范乡村财务管理的对策。

在查阅了多位学者的调查研究案例的基础上，对W县N镇的乡村财务管理的状况进行初步分析，设计了问卷内容。问卷共有20题，其中包括乡村财务人员方面、财务审计监督方面、财务公开方面、财务管理制度方面以及民主理财方面的问题，另有两题为乡村换届选举“一肩挑”方面的问题。

W县N镇现有21个行政村，共84名村干部，在调查过程中共发放村干部调查问卷70份，共回收有效问卷64份，回收率为91%。对于“一肩挑”的村组换届选举有100%的受访者表示有利于村集体经济的发展，当选人员需要履行做优本村党组织建设、促进本村全方位发展、壮大本村集体经济。

对于本村的财务人员的专业素养有 95% 的受访者认为本村财务人员的专业素养一般或差。对于财务审计监督方面有 100% 认为有必要，认为在已实行审计监督的前提下，还有必要实行村民监督。问卷调查结果表明，各村财务公开栏的设置都比较完善，虽然受访者均认为本村财务公开及时、内容清晰，但走访调查后发现仍有少数村存在公示不及时、内容不清晰问题。问卷调查结果表明，有 62% 的受访者表示本村财务管理制度存在管理制度不健全的问题，有 25% 的受访者认为本村的民主理财工作滞后，有 12.5% 的受访者认为存在监管制度不健全的问题。问卷调查结果表明，W 县 N 镇的村集体增收项目匮乏，除 W 县推行的薄弱村抱团增收项目，只有 30% 的村有其他的村集体增收项目。

（三）W 县 N 镇综合治理下乡村财务管理存在的问题

1. 财务人员业务水平不高

由调查问卷可知，有 95% 的受访者认为本村财务人员的专业素养一般或差。另从笔者对当地 84 名村干部的走访访谈中了解到，W 县 N 镇 21 个行政村中乡村财务管理人员共 25 人，其中农经员 2 人、乡村财务代理会计 2 人，各村还配备出纳，兼职会计占总行政村财务会计人数的 16%。这当中大专以上学历的有 4 人，中专学历的有 2 人，高中学历的有 14 人，初中学历的为 5 人。学历为财务专业方面的人员共有 6 人，占比 20%。

在笔者走访访谈中村干部认为，本村财务会计人员的素质是制约本村乡村财务管理不规范的主要因素之一。由于大部分乡村财务人员对财务管理工作的了解较少，少数为专业的财务管理人员，并且日常工作中较少受到专业的培训，且乡村的生活、学习与工作环境同城市相比有较大的差距，年轻人都希望去城市闯一闯，有专业财务会计技能的人才较少愿意服务于乡村，即使有“归雁计划”，但回归乡村服务乡村财务的仍为少数，现各行政村乡村财务代理会计人员一般为年龄偏大、专业财务素质一般。此外，部分乡村财务人员由于自身的文化、业务素质不高及实践经验不足，对财务管理的重要性也理解不足，常常抱着“村书记就该掌握处理本村事务的权力”的想法，存在得过且过的思想，对一些不符合账务处理制度流程的行为视而不见，导致乡村财务处理出现违规的问题，没有充分发挥出乡村财务管理对村集体经济和资产有效的监督作用。而且对于财务管理的重要性理解得不够充分，无法真正坚持财务管理的原则，一部分人还抱有“好人主义”的思想，不愿意得罪村干部，对于一些村干部不按照规则报账、审批的行为采取视而不见的态度，常出现财务报账不及时、不准确甚至完全错误的问题。这就导致乡村财务管理没有发挥出对于村集体经济、资产进行科学有效的监督管理方面的功能，使乡村财务中出现了一些违规操作现象。

2. 乡村财务工作流程不规范

笔者在走访中了解到，W 县 N 镇目前 21 个行政村均配备了 2 名乡村代理会计，有时存在记账敷衍的状况，乡村代理会计在审核原始凭证时存在不仔细的情况，为了应付工作，忽视审核，不能保证记账质量。乡村财务管理中仍然存在着习惯性漠视规章制度的现象，虽然有个别村建立了基础的财务制度，但没有严格执行上级制订的规章制度，走过场等现象仍然存在，财务管理制度形同虚设。

少数村的工程款结算，在乡村报账时存在招标合同、工程预算或验收清单缺少的情况发生。有些村集体在乡村财务管理中确仍有着“以支抵收”的情况。一些票据缺少经办人及其他证明人签字，只有村党组织书记签字就可以入账，或是由于存在当时漏签，但仍予以记账，事后没有及时补充。有些村集体在存放会计档案时没有保管妥当，没有按照相关规定保存，乡村财务人员在变动时没有及时移交，造成会计档案缺失的情况发生。预算管理在 N

镇乡村财务管理中并没有得到足够的重视，乡村基层组织干部甚至对此问题也表现出无所谓的态度，认为村中事务大多村两委说了算，财务收支随意性大，预算管理并没有得到真正的落实。

3. 财务公开实施效果不理想

调查问卷表明，各村对于财务公开栏的设置都比较完善，虽然受访者均认为本村财务公开及时、内容清晰，经走访仍有少数村在此项做得不到位。通过实地走访 W 县 N 镇 21 个自然村，可以看到正常及时公开村里财务情况的有 10 个村，占比为 48%；有 8 个行政村虽然也实现了财务公开，但仍只是部分的公开，存在公示不及时内容不清晰的现象；剩余 3 个行政村，走访之时显示并无公示内容，存在公示内容滞后的现象。因此在 W 县 N 镇的 21 个行政村中，少数乡村财务公开仍然没有全面落实到位，具体表现为村财务公开不及时，公开程序不到位，方式过于简单，公开的内容不够全面，公开实施的效果不明显。一些村干部自认为权力在手，不遵守规章制度，对于资金走向和使用不按流程报账，导致账务处理不及时，乡村财务会计人员及出纳难以充分发挥自身的作用。

4. 审计监督不足，民主理财工作不扎实

接受访谈的村干部们很多提到了当前监督力度不足，这是当前乡村财务管理中存在问题的一个重要原因。外部的监督力量不足，镇政府对于各行政村的财务管理的监督也存在短板，导致当前乡村财务管理中滋生了一些漏洞，对乡村财务的规范化、科学化管理有很大的影响。W 县 N 镇通常对乡村的账目审计一年只有一次，或是在换届选举清账时进行审计监督，因此存在审计监督不足的情况。民主理财的建立主要是为了让农民能够在村集体重大的经济活动中发挥监管作用，真正行使农民的自主权利。W 县 N 镇虽然成立了民主理财小组，一些行政村里也制定了一些相应的内控制度，但仍不成熟，没有形成完整的体系。民主理财小组人员的监督意识不足，导致监管不到位，进而乡村民主理财工作不扎实。民主理财小组人员虽然是由公开选举产生的，但仍然存在专业的财务知识储备不足和监督思想不到位的情况，无法为乡村民主理财，对乡村财务账目的审核流于表面文章，无法真正地发挥监督作用，民主理财沦为形式主义。一些组成人员认为村集体财产的所有权跟处置权都应该归镇财政所或农经站监管。还有成员对村集体的财务状况并不关心，均认为当前有乡镇的监管在发挥作用，不需要内部的监管，从而不能充分发挥群众监督的作用。

二、制约W县N镇乡村财务管理规范化的原因分析

（一）选任聘用制度不完善

相对稳定性与持续性是财务管理工作性质对财会人员提出的要求，财务人员业务水平不高是由于选任聘用制度不完善。乡镇农经员是统一招聘的，工作工资较为稳定，因此组成部分相对稳定，但也存在新进农经员一般会先在基层农经站锻炼，亦是摸着石头过河，资历经验较浅。乡村财务代理会计是由W县乡村商业银行招聘，但其为临聘人员，存在专业财务素质不高，更换频繁等现象，且为多村兼职，非本村居住生活人员，对村集体经济了解甚少。因而无法对本村财务管理提出有效的意见建议。村出纳的选拔难以遵循公开招聘原则，在选拔过程中，存在主观意识比较强、任人唯亲的状况。

我国经济高速飞跃，财务会计、税收方面的政策更迭飞速，而县级政府部门进行业务培训与知识更新次数明显不足，另外各村村干部接受新事物、新政策法规的速度也存在认知与实际不符的现象，这对村干部和乡村财务人员来讲是极大的挑战。

（二）财务管理制度执行不规范

由于W县N镇乡村财务人员的聘任制，对乡村财务人员没有设立一套合理的考核制度和约束机制，再者与村干部及村集体的交流和了解不多，在乡村财务处理时表现出不到位的情形。一是在会计账目处理时对财务管理制度的执行不规范。少数乡村财务人员在对原始凭证进行填写时没有依据规范，会计凭证没有及时装订。没有及时准确地将现金收入入账，会计资料没有依照财务管理制度归档，没有依据相关规定进行保管或定期销毁，堆放在档案室就放任不管了。按要求，年末需要对乡村财务的会计档案进行整理归档，并且对会计档案进行编号，编订保管清册。但是少数村存在会计档案随意堆放、没有及时整理归档的现象。二是乡村财务内部控制制度、民主监督制度执行不规范，财务人员和村干部思想的认识不到位，一些制度无法执行到位。

（三）财务公开制度和平台不完善

乡村财务公开的实施效果不理想，是由于存在财务公开制度不完善、公开的内容不及时的情况，导致广大群众不能准确地掌握乡村财务的实际情况。首先，制度的不完善导致乡村财务不透明，财务公开不及时，即便实施账务公开，通常只公开一些不涉及主要账务的大致数据，使村民难以保障自身权利并行使监督权，对资金的具体用途和去向不了解，更无法清楚乡村的财务工作。其次，乡村财务制度不完善引发乡村资产管理存在漏洞，账目和实际不相符，个别村干部开支大手大脚，收入支出入账不及时。一些村存在缺少实时对账的情况，个别财务人员认为报账制度复杂烦琐，申报审批不按规范流程，存在麻痹大意思想。在信息化时代，仅靠乡村的财务公开栏进行信息公开是远远不够的，还要推动“线上”财务公开平台的完善，实时更新乡村财务，使在村外的民众也能及时有效地对乡村的财务进行监督，使乡村财务公开更加及时有效。

第四节　乡村振兴背景下乡村财务规范化管理的对策

一、优化乡村财务会计队伍

（一）实行乡村会计人员选聘制

乡村财务人员在乡村财务管理工作中发挥着至关重要的作用，乡村财会人员在很大程度上制约乡村财务管理的规范化程度，因此需要乡村财务人员有更高的综合素质。正因为如此，需要改革当前乡村财务人员的选聘制。首先，要求乡村财务人员有较高的财务专业知识和技能，在此基础上需要有正确的价值观、有高度的全局意识和法治观念，要有很强的责任感。乡村财务人员的选聘制可以有较大的灵活性，并能对乡村财务人员进行筛选，从而对应聘的人员有比较高的要求，要符合岗位的设置，能为乡村的财务工作挑选合适的人才。实行选聘制对规范乡村财务管理有着打地基的作用，面向社会公开招聘乡村会计人员，有利于乡村财务会计队伍的发展，为乡村组织补充新鲜力量，提高乡村财会人员的整体素质，建设有专业技能、良好素质的乡村财务队伍，为农业乡村的现代化建设打下坚实的基础。

（二）加强对财务人员的培训，建立人才培育机制

要想优化乡村财务会计队伍，培养高素质的财会人才，就要通过对乡村财会人员的培训来实现，给财务人员创造有效的学习环境和有利条件。建立健全财务人员的培训机制，是公共财政向乡村倾斜的重要举措。要加大对乡村财务人员的培训力度，定期定时对财务人员及村干部进行培训，随着会计

或税务相关法律法规的更新，要加强培训，使乡村财务人员与村干部能及时了解新的会计政策和法规，进一步加强对财务人员的思想教育，培养财务人员的法治思想和专业的会计知识。上级主管部门有为乡村财务人员提供最新相关法律法规的具有针对性培训的职责，形成每年的培训计划。例如，每个季度安排一次侧重点不同的培训，提前对乡村财务人员的水平做摸底，选取与水平相适应的培训内容，避免乡村财务人员一头雾水，保证培训工作的科学化和有效性。要建立乡村财务人员培训长效机制，对乡村财务工作中的内容有侧重点的全覆盖，比如宣讲相关支农政策，着眼于专业的会计法律法规及账务处理知识，注重培养务实的思想品质等。

优化财务人员配置、合理分工。对标长期规划和远景目标，结合人才盘点情况，科学谋划，形成财务人才需求目录，抓好招才引智。推动重点项目建设，定位“农业产业示范带”“现代商贸特色镇”“旅游目的地”等功能，助推一、二、三产业转型融合发展；搭建文化创意创业平台，吸引聚集文创行业人才，招引高层次人才。加强农业乡村现代化以及人才的建设，依托科技创新，逐步打造优能级农业科创平台，把农业乡村的基础设施搞上去，深化“三服务”机制，建立“第一书记”、乡村特派员机制，助力乡村发展，发展智慧农业提高效能，提高农产品竞争力。

二、完善乡村财务管理制度

（一）建立健全乡村财务管理制度

在乡村财务管理制度方面仍存在着诸多问题，比如乡村现有的会计制度不规范、乡村设置的会计机构不完善、乡村会计管理不充分、会计人员任用不合理等。乡村财务管理工作的规范化要从制度建设出发，提高乡村财务管理水平。没有规矩不成方圆，因此要完善乡村的财务管理，使乡村基层的财务实务有章可循，就需要使乡村经济水平真实、完整地反映在乡村财务工作上，规范会计处理程序，明确审批权限和报账程序，政府要发挥决策作用，指导乡村经济发展快速高效发展，全面提升乡村各项事务的规范。

一是完善村账委托代理制度。由村民委员会或乡村集体经济组织委托乡镇设立的乡村经济核算中心代管集体会计账目，由会计专业人员代理记账，行使乡村会计职责，规范乡村财务管理。乡村设置报账员，采用招聘制，提高报账员专业会计水准，履行报账职能及相关的会计职能，如出纳、统计、会计凭证整理等其他职能。

二是建立乡村财务管理预决算制度。在一年伊始需要编制预算计划，例如对本年度资金使用、日常收支、固定资产采购等编制预算，在计划通过村民大会审议后报送乡镇农经站批准；一年终结还需要对财务的决算情况进行公示，对本村村民负责，并接受监督部门考核。

三是推行日常支出定额制度。在村民代表大会或村民大会上明确乡村日常支出标准，严格设定村委会、村干部的出差补贴、误餐补贴以及日常办公需要物品的采购限额。

四是健全“一支笔”审批制度。乡村党组织书记采用“一肩挑”的形式，村党组织书记的职责也相应加大，组织行使审批权也是唯一的，必须履行好第一责任人的工作职责，避免多人审批的情形，实现开支“一支笔”审批，规避乡村财务管理的风险。

（二）完善民主管理制度

第一，建立健全民主管理制度，设立村集体民主理财小组，乡村账务及时公开。明确全体村民有民主权利对乡村事务进行问询，全体村民对村集体的重大利益决策有决定的权利，监督乡村财务以便乡村组织及时发现问题、整改问题、查漏补缺。在乡村财务管理中不仅要对乡村财务会计人员进行相应的专业培训，也需要对村集体民主理财小组人员进行财务培训指导，使其能对国家的相关法律法规、财务政策有了解，更好实现乡村财务民主监督。

第二，各村干部要放低姿态而不是以决策者的身份履行职责，要主动接受全体村民的监督，增强服务意识。要发挥相关纪检监察司法部门的作用，履行监察职责，树立起村民们监督乡村组织、村干部的决心。

第三，从宣传和教育的力度入手，建立常态化廉洁教育机制，全方位完善民主管理制度，从源头上加强思想宣传，让拒绝腐败深入村干部之心。加大对相关乡村治理的法律法规宣传，让村民与村干部了解村集体的事务不是个人的自主而是村集体的自主，真正实现民主自治。要加强村干部的廉洁教育、警示教育，要定期并有针对性地组织教育培训，让警钟长鸣。

只有更好地实行民主理财，规范乡村财务管理，才能使乡村集体的经济实力得到提升，从源头上改变乡村财务工作较差的状况，为人民群众真正更好地行使民主权利创造物质条件，使乡村集体经济的利益与村民的利益相辅相成，提高乡村建设收益。

（三）加强乡村财务预警工作

乡镇应该对乡村财务管理的规范化引起重视，要求各村及时有效地进行财务公开，以保障村民的根本利益。依据各行政自然村的现实情况，设定符合本村特色的财务预警标准，相关乡镇定期开展检查，乡村财务公开透明化，把不规范的行为从源头上遏制住，当乡村财务管理工作达到预警线或是在附近的，要及时进行整改。召集村干部定时召开专题会议，对已在预警范围内的村干部密切关注，及时纠正错误，防止错误扩大后损害乡村集体经济利益。加强村民参与力度，及时发布乡村财务管理预警信息，加强监管，对违法行为予以责任追究，促使乡村财务规范化。

三、健全民主监督机制，完善乡村财务管理环境

（一）建立乡村财务定期公开制度

乡村财务公开仍存在全面公开难、及时性差、真实性欠缺、村民参与少的问题。为了确保乡村财务公开的及时有效，亟须建立健全乡村财务公开制度，对公开时间、公开事项做规定，做到定期有效全面公开。规范村干部的财务公开，不得以其个人意志为准，接受村民监督。保证财务公开的正式性，不得以不实财务信息做公开，不真实的财务公开不仅起不到应有的监管作用，还会导致一系列恶劣影响。各村民也要加强监督思想，为乡村集体的利益把关。为了顺应新时代的发展，在信息化高速发展的时代，不仅要建立健全乡村财务公开栏的公开制度，更要促进线上财务公开栏的建设，比如在政府的政务网页、微信公众号等设置线上财务公开栏，对乡村的财务情况实时上传。可以进一步促进民主监督机制的运行。

乡村财务规范化管理，乡村建设收益的提高，在一定程度上受到乡村财务定期公开制度的影响。乡村民主参与乡村基层治理有利于乡村经济社会的健康发展，农民既是乡村振兴的推动者，也是乡村振兴的实际受益者，基层政府调动农民参与乡村建设的主动性与积极性是我国实施乡村振兴战略的着力点。

（二）健全乡村财务岗位责任制

推动乡村财务的健康发展就需要充分调动乡村财务岗位的积极主动性，首先，健全乡村财务岗位责任制，不断提高财务人员工作水平。各地应结合本乡镇各村特色情况，制定考核办法，明确职责，奖罚分明，增强乡村财务岗位荣誉感、责任感。制定乡村财务审计监督制度，不仅要对村干部在职时的村经济财务状况进行审计，也要在村干部离任时进行审计监察，乡镇的

农经站更是要定期对各村的经济财务情况进行审计；财务监察小组则对审计制度进行定期抽查，县级主管部门每半年对乡镇进行一次审计抽样，每年都要对一些重点的、财务较混乱的村全面审计，有条件的村镇还可委托外部审计。其次，要明确乡村财务审计监督制度的具体细则，确定包含乡村集体固定资产的账实核对，审核乡村集体财产的管理，审查各集体账目的收入支出明细、债权债务明细、村集体经济的经营状况，以及村民要求的对村集体其他项目的审计。再次，对审计的结果要及时落实整改并追责相关人员，对良好的村集体及个人也要表彰奖励，深化审计效能。最后，增强乡村财务的审计队伍建设，依法依规审计监督，定期做好审计人员的培训。

四、加强乡村财务审计监督

（一）建立集体财务审计监督制度

规范乡村财务管理，加强对集体资产的管理，加强对乡村农业专项资金的管理、使用，建立集体财务审计监督制度，能有效地促进乡村财务的健康发展，减少财务管理中违规行为发生，提高乡村的防风险能力。充分发挥乡镇的委托代理制，健全乡镇的“管账”工程，强化乡镇政府的监管责任和乡村班子的主体责任，对一些乡村领导班子比较健全、集体资产规模较大、乡村财会人员健全、集体资产管理制度完善的强村，经乡镇政府审核同意、县级相关主管部门批准，可以有步骤地探索实施“村账自管”。对乡村的账目和资金的管理实行信息化监控，积极推行集体资金网上审批、银联直付和村务卡制度，通过大数据管理，减少审批环节，实现有痕支付。积极探索工程建设项目资金的第三方监管工作机制，由第三方机构完成工程建设项目资金运用各个环节的工作，比如对乡村项目审批流程、资金拨付额度及拨付方式、归档资料等，对第三方机构的选择也要积极探索竞争机制，建立“黑名单”制度。对乡村集体资金的大额资金探索竞争性存放，可以有效地防范在存放过程中村集体利益的冲突。

乡村的许多矛盾问题，大多数跟财务管理有关，为了保持干群关系的密切联系，必然要求在乡村财务审计监督管理过程中做到公平、公正，有效设立审计监督团队。财务审计监督制的建立，能有效地预防违纪违规现象的产生，从而在机制上提高乡村防风险能力。

（二）有效设立监督管理队伍

实现乡村财务管理规范化，不仅要有完善的财务制度、定期的财务公开，还需要充分发挥乡镇纪委的纪检监察职责，有效设立监督管理队伍。乡镇纪委要定期定时对行政自然村不合规的财务管理进行集中整顿，对各类乡村财务资金的使用起到监管作用，经常性地对专项资金使用情况进行跟踪监督，定期通报整改。此外，乡镇要设立财务监察小组对乡村财务进行监督，由乡镇纪委、财政所人员及其他相关人员组成，设立监察管理机制。组织定期检查及各乡镇交叉检查，统一反馈形成检查报告，在工作例会及乡镇公开平台通报，促使各村分析检查自身财务管理工作中存在的问题，定时“回头看”安排财务监督自查，并及时落实整改措施。

第五章　乡村振兴背景下的乡村财务监管

第一节　乡村财务监管现状

一、T 市 Y 镇基本情况

乡村财务监管工作关系农民切身利益、乡村经济发展和社会稳定，历来受到广泛关注，是“三农”领域备受重视的热点问题。随着全面从严治党的不断深入和乡村治理体系的不断完善，乡村财务监管水平有了明显提高，但仍存在着一些问题，特别是随着乡村集体经济的壮大和乡村振兴的全面实施，有必要探索建立一个适应乡村新形势、具备实际操作性的乡村财务监管体系。本章以 T 市 Y 镇乡村财务监管状况为例，以委托代理和内部控制理论为主，借助文献法和访谈法收集资料，客观了解乡村财务监管现状、存在的问题及影响。结合调研资料及相关理论进行成因分析。再结合乡村振兴战略提出的新要求新政策，制定具有可行性的监管措施。

T 市 Y 镇位于鲁西南，面积 104.5 平方千米，人口 5.93 万人，下辖 44 个行政村。Y 镇是山东省中心镇，2014 年被列为全国重点镇名单，2015 年列入省级第二批“宜居小镇”名单，全国特色旅游景观镇。2018年新引进项目14个，总投资17.58亿元，以前以矿产企业为主，现大力推动企业转型，向旅游业、信息化产业发展。Y镇在大力发展工业经济的同时，也未忽视乡村集体经济的发展。2015~2019年乡村集体经济收入大幅增长，截至2021年底，全镇乡村集体经营性收入达2978.23万元。

据统计，截至2021年年底，全镇44个行政村中，村集体经营性收入100万元以上的村3个，占比7%；50万~100万元的村8个，占比18%；10万~50万元的村14个，占比32%；5万~10万元的村9个，占比20%；3万~5万元的村10个，占比23%。

乡村经济发展带动集体增收的同时，增加了乡村财务监管的难度。集体收入大幅增长，经济活动增多，财务人员的工作负担加重，难免在监管上有所疏忽。各村经营收入差距较大，通过分析Y镇各村财务报表发现，经济发展快的村年经营性收入可达到1500万元，发展落后的村则刚刚突破3万元。虽然避免了无“财”可管的尴尬，但巨大的收入差距也给乡村财务监管增加了难度。随着社会不断进步，农民民主法治意识不断增强，越来越多的人开始关注乡村财务状况，这对监管人员的业务素质和财务监管的规范化也提出了更高的要求。

二、Y镇乡村财务监管状况

（一）建立“村财镇管”体制

Y镇乡村财务监管大致经历了自主式监管、农经监管和委托代理三个阶段，最终建立“村财镇管”模式。

自主式时期（1978~2003年），乡村财务实行自主管理，村集体收支只需村支部书记签字，会计管账管钱，自行管理会计账目，年底账目结转后向镇政府报送财务报表，镇政府只掌握村集体经济发展情况，对财务工作不做过多干涉。这一时期有些村资金管理混乱，财务不透明，信访案件多因乡村财务问题引起。

农经监管时期（2003~2007 年），设置经管站，固定每月报账时间，村会计将本月账目明细拿到经管站审核，经管站工作人员审核通过后，加盖“审核专用章”予以确认。乡镇对村集体经济经营发展及会计账目记账工作进行指导，整体掌握乡村财务管理。

委托代理时期（2007 年至今），2007 年成立 Y 镇乡村财务委托代理服务中心，村委会与委托代理中心签订委托协议，委托代理中心代管资金、代理记账，对乡村财务进行专业管理，经历了收账、收钱、收据、收合同、收公章五个阶段，最终乡村财务工作由乡镇接管，完成了乡村财务管理制度的重大变革。

（二）完善财务监管体系

镇乡村财务委托代理服务中心的日常监管、县经管站不定期督导、民主理财小组的民主监督和纪委、组织联合巡察，共同构成 Y 镇乡村财务监管体系，以乡村财务委托代理服务中心为监管主体。乡村财务委托代理服务中心为股级事业单位，设置中心主任 1 名，副主任 1 名，代理会计 3 名。主要职责是为签订委托代理协议的村集体代管资金、代理记账、代为管理财务档案，实现乡村财务会计电算化。引入“农友”会计软件，利用“乡村三资综合信息管理平台”进行“资金、资产、资源”监管。

通过“五个统一”进行资金监管。统一规章制度，依据《村集体经济组织会计制度》及上级文件开展财务监管工作，制定了资金管理制度、票据管理制度、清产核资工作方案等规章制度，规范资金管理和票据管理，指导清产核资工作；统一银行账户，货币资金由委托代理中心设专户统一监管，收支管理“去现金化”，统一银行支付；统一收据，编号管理使用《山东省乡村集体经济组织收款收据》，凭借收据存根换取新收据；统一公开，将每月的15日定为财务公开日，要求各村在“三务”公开栏张贴“银行存款逐笔公开榜”进行上月财务公示，同时留存影像资料；统一报账审核，各村设报账员1名，报送收支单据，月报月销，原则上不得跨月报销。

在资产、资源监管方面，根据上级要求进行清产核资，摸清家底，设置资产管理台账、资源管理台账进行日常监管。资产资源发包采用招投标制度，合同备案制度。村集体履行民主决策程序，填报招投标项目申请表，上报乡村集体资产资源招投标中心，镇政府批准后，村集体与招投标中心签订委托代理协议，招投标中心组织招投标，与中标人签订合同，填写报账通知单由委托代理中心收款，镇纪委全程监督。招投标完成后，合同备案，建立资产、资源档案。在对委托代理中心主任的访谈中了解到，由于正规招投标公司费用较高、竞标手续烦琐，考虑到乡村的现实状况，县级农经主管部门推荐采用简易招投标制度，委托代理中心工作人员和镇纪委全程监管竞标会议。由村委会提前张贴资产资源发包公告，竞标人交竞标押金，招投标会议当天竞标者公开竞标，价高者中，签订合同，村委会张贴中标公示，并留存影像资料。

强调监管制度的严肃性。货币资金管理制度规定各村货币资金由代理服务中心设专户管理，资金收入业务3天内交存银行，支出业务由报账员办理报销手续，不得少报、瞒报收入，不得设置账外账、小金库。票据管理制度要求村集体发生任何经济业务，必须取得合理、合法、合规的会计凭证，不准白条入账，对方业务单位无法出具票据时，可委托税务部门代为办理。财务审批制度实行收支单据“五级联审”，经办人在单据下方空白处签字，村支部书记、村主任在单据右上角签字，民主理财小组组长在单据背面签字盖章，最后经中心会计审核通过后方能入账。

不断推进民主监督。各村成立民主理财小组，由3~5人组成，负责监督村内收支及财务公开。会计凭证报销需由民主理财小组组长审核签字、盖章后，方可入账。每月的银行存款逐笔公开榜经民主理财小组审核盖章后在财务公开栏公示。村民代表大会是民主监督的重要手段，乡村重大经济事项实行“四议两公开”程序，如工程项目建设、集体土地发包、大宗资产租赁等需召开村民代表大会进行审议，并对竞标过程、工程施工、合同履行等进行监管。访谈中了解到民主监督在扶贫专项资金管理过程中发挥了重大作用，从项目立项、工程建设、资金拨付、完工验收到项目收益，民主监督都参与其中，在扶贫项目收益使用方面，贫困户的项目分红、乡村公益事业花费及临时救助等各项花费需召开村民代表大会进行商议决定，单据报销需同时提供相应的会议记录、会议结果公示、会议照片及公示照片。

（三）运用科技监管手段

随着科技的发展，网络平台、大数据、5G技术、网上银行等广泛应用到社会治理的各个领域，简化了办理程序、提高了办事效率。数据共享更是节省了资源，避免了重复提交手续，数据对比提升了信息的可靠性。运用科技手段统计、检测、对比财务信息，给财务监管提供真实的信息数据，提升财务监管精准率。“乡村三资综合信息管理平台”“全国乡村集体资产清产核资管理系统”“山东产权制度改革管理系统”的清产核资模块有效摸清集体资产，明晰产权，使乡村财务监管有迹可循。

Y镇2018年开通网上银行支付，“去现金化”资金管理，工程施工、购置大宗资产支付方式通过银行账户采用“公对公”支付，不再打款到私人账户；工资、补偿款等提供领款人银行卡号、小麦直补卡号，统一发放到领款人个人银行账户，不再由村会计代领，提升单据报销效率，有效减少虚报支出等违规行为。“可不用在代理中心、银行来回跑了，现在谁的钱发到谁的卡上，省事儿，真好。”村会计 YA 说道。中心出纳 YM 说：“以前手写支票，易出错，尤其是一到年关一天几十张支票，手都写麻了。现在用网银，在电脑上操作简单，有错误，系统自动提示，确实方便快捷。”充分挖掘“乡村三资综合信息管理平台”的监管作用，防止集体资产资源流失，在资产平台完善固定资产、林木资产基本信息，根据清产核资报告及时增减资产、计提折旧，并进行账务处理。在资源平台登记集体所有的耕地、林地、水面、“四荒”资源的面积、位置、承包人、承包金额、承包年限、付款时间等，上传承包合同电子图像，加强资源监管。

（四）财务监管效果显著

通过对乡村财务监管工作的不断探索和强化，Y 镇乡村财务实现了票据管理规范化，资金管理严谨、报销凭证齐全；民主决策规范化，乡村重大事务召开村民代表大会进行民主决策，提高群众参与度；财务公开保证了群众财务管理的知情权；民主理财制度化，切实加强民主监督；资产资源管理规范化，合同备案，及时登记资产资源台账，规范招投标制度，保障了群众利益、集体权益，推进乡村治理。QYS 村讨论重大经济事项时会召开村民代表大会审议，村会计跟代理中心提前对接申请，咨询相关财经法规、规章制度、财务处理办法及注意事项，使预支工程款、结算尾款、工程验收、资产登记等有条不紊地进行，会计凭证合规合法、民主决策程序正当，财务公开及时，群众满意度较高。

第二节 乡村财务监管存在的问题及影响

乡村振兴战略提出后，乡村集体经济经营管理越来越重要，产业振兴、人才振兴、文化振兴、生态振兴、组织振兴的“五大振兴”要求发展乡村经济实现产业振兴，壮大农经队伍助力人才振兴，改善乡村治理促进组织振兴。随着乡村财务监管理论研究的不断深入和先进经验的广泛推广，财务管理的规范化大幅提升，乡村财务监管工作效果明显。在调研和日常工作中发现乡村财务监管依然存在一些问题，既有多年未解的旧问题，也有新形势下产生的新问题，各种监管问题对乡村集体经济产生不同程度的影响。

一、乡村财务监管存在的问题

（一）规章制度落实不到位

资金管理制度落实不到位，多个独立核算单位没有按照规定去开设银行账户。Y 镇货币资金管理制度规定“根据委托代理协议，各村的货币资金由代理服务中心设专户管理”，Y 镇 44 个行政村是 44 个单独核算单位，应有 44 个银行账户，但在实际操作中并非如此。像这样银行账户设置不规范的情况是不符合财务核算和资金管理规定的。

财务审批制度执行不严格，白条入账问题突出。通过问卷调查得知：普通群众对本村的重大项目资金使用情况选择“比较清楚”的仅 10 人，选择“有点清楚”的有 26 人，选择“完全不清楚”的人数达到 62 人，分别占样本比例的 10.2%、26.5%、63.3%，体现了村集体在财务支出上的随意性，对于部分重大经济事项未能有效执行“四议两公开”程序。“其他支出”科目是为核算村集体经济组织与经营管理活动无直接关系的支出。有的会计会将一些违规的、不好界定花费性质的支出计入其中，从而使会计信息失真。

（二）财务监管流于形式

财务公开不到位。2008 年文件《财政部关于开展村级会计委托代理服务工作的指导意见》（财会〔2008〕8 号）指出：应对财务公开内容进行细化，让农民认得准、看得懂、算得清。根据调查问卷结果显示，针对财务是否公开的问题，选择“是”的 26 人，选择“否”的 72 人，分别占样本比例的 27%、73%；针对多久公开一次的问题，选择“一个月”的 10 人，选择“三个月”的 7 人，选择“半年”的 1 人，选择“不定期”的 80 人，分别占比 10%、7%、1%、82%；针对财务公开阻力的问题，选择“财务公开积极性不高”的 14 人，选择“财务管理混乱”的 24 人，选择“公开方式单一”的 60 人，分别占比 14%、25%、61%；针对公开内容的问题，选择“日常收入支出情况”的 24 人，选择“负债情况”的 7 人，选择“资产情况”的 3 人，选择“所有涉及财务的内容”的 64 人，分别占比 25%、7%、3%、65%。调查问卷结果表明，乡村财务公开在公开时间、公开方式、公开内容上存在不少问题。公开方式单一、公开的内容不全。Y 镇乡村财务委托代理服务中心只公开“银行存款逐笔公开榜”，可以反映银行存款的逐项逐笔变动，但不能反映出乡村负债、应收应付账款、资产资源变动等不涉及资金流动的经济活动，不能全面公开每项经济业务。

民主理财小组监管不到位。Y 镇下辖的行政村中，少数村的民主理财小组能正常发挥监管作用，多数民主理财小组不能有效履行监管职责。民主监督存在形式主义问题。

审计部门监管缺失。乡村财务分两部分，既有转移支付等财政资金，也有自身经营的财务收入，难以全面监管。

（三）个别财务人员和监管队伍素质不高

“国以才立，政以才治，业以人兴”，人才是乡村振兴的关键因素，如果没有人才的支撑，乡村振兴只能是空谈。如何吸引更多人才，留得住人才，是做好乡村监管工作的关键。

乡村财务人员素质偏低。一是法治意识淡薄。有的财务人员由于缺乏法律意识，不能正确辨析财务管理行为，触碰法律红线，导致违法违纪行为发生。二是年龄结构偏大。通过分析村会计基本情况数据得出，有的乡村财务人员存在高年龄、低学历、稳定性差四大特点。三是业务水平有限。有的财务人员缺乏专业知识背景和相关工作经验，不懂借贷记账法，看不懂财务报表，难以处理复杂和专业的财务问题。

个别民主理财小组成员状况与乡村财务人员现状相似，年龄偏大、文化水平不高，不了解财经法规。

乡镇监管力量单薄，缺乏创新精神。县域大部分乡镇乡村财务监管力量单薄，委托代理服务中心配置工作人员人数少，肩负多项任务，任务多负担重，对乡村财务的系统性监管难免力不从心。一些乡村财务监管人员缺乏专业背景，欠缺财经法规知识，财务管理手段落后。个别财务监管人员没有担当精神，安于现状，缺乏创新，只依照原有的模式或上级部门的安排部署进行财务监管，缺乏创新思维。

（四）监管领域留有空白

委托代理中心虽代理记账但并未参与乡村事务管理，中心会计记账是根据原始凭证内容，配合对村会计收支事项的问询决定入账科目。所以监管过程中只能对村会计提供的原始票据进行审核把关，而对会计业务是否真实发生、发生金额是否准确、是否虚报等难以精准把控，监管领域留有空白。

乡村隐性债务难监管。隐瞒负债是部分村集体存在的问题，其原因是多方面的。日积月累，负债就像滚雪球一样越滚越大将制约村集体的发展。

旧账难以厘清。旧账往往涉及工程款、劳动用工、征地补偿等多方面问题。群众利益无小事，不厘清旧账会降低群众信任感。

二、乡村财务监管不力产生的影响

乡村振兴战略的实施给乡村经济打了一针“强心剂”，从产业、人才、文化、生态、组织五个方面共同推动农业乡村现代化。基础设施、公共服务和社会保障逐步完善，农民生活条件、居住环境不断改善，集体经济不断壮大。如果乡村财务监管不力将导致乡村财务管理混乱，引起上级党委的不满，导致党群关系紧张等问题。

（一）监管不力造成乡村财务管理混乱

乡村财务监管不力最直接的表现就是财务管理问题多。资金管理混乱，资产不清，资源流失，权责不明，集体利益受损。

集体资产、资源流失，集体利益受损。虽然乡镇成立了乡村资产资源招投标中心，但大部分村集体的资产资源发包选择简易招投标程序或者直接发包，简易招投标程序简单、方便、快捷，但公告范围小、知晓率低、竞标者彼此熟悉，稍有不慎，极易串标，损害集体利益。

（二）监管不力使政府干预增加

乡村财务作为乡村事务的重要事项，直接影响着集体经济的发展、农民群众的利益及乡村社会的稳定，影响党在基层的执政根基。乡村财务监管不力造成乡村财务管理混乱，群众利益受损，必然会影响政府在群众中的信任度，引起上级政府的干预。在乡村组织不健全或村支部不能履行职责，影响政府各项工作推进的状态下，镇政府可以指派合适人选开展乡村工作。乡村财务监管不力还会影响村干部工作积极性，财务问题制约着村集体的发展，好的想法没有资金支持则难以实现。

（三）监管不力导致干群关系紧张

村干部是党员、群众选出来的当家人，有发展集体经济、为群众谋福利的职责。保护集体资产不受侵犯，维护群众集体利益，是和群众联结最紧密的一个群体，且大部分是党员，他们的言行举止代表党的形象。村干部工作认真负责，群众满意度高，干群关系和谐，有利于维护党的形象；村干部的工作得不到群众认可，干群关系紧张，将直接影响群众对党的信任，动摇党的执政根基。监管不力将大大降低群众满意度，影响党和政府的威信，对干群关系产生损害。

第三节　乡村财务监管问题的成因分析

一、部分监管人员思想认识有误区

委托—代理关系是指一个或多个行为主体根据一种明示或隐含的契约，指定、雇用另一些行为主体为其服务，同时授予后者一定的决策权力，并根据后者提供的服务数量和质量对其支付相应的报酬。在乡村财务管理过程中存在三层“委托—代理”关系，其中一层是村民与民主理财小组之间的委托—代理关系。村民是委托人，民主理财小组是代理人，民主理财小组受村民委托对本村财务进行民主监督，民主理财小组财务监督过程中拥有一定决策权，获得相应报酬，但是部分民主理财小组缺乏民主监督意识。在委托代理关系中代理人凭借其专业优势代表委托人从事某项工作。一些民主理财小组成员财务知识及财经法律意识欠缺，文化水平偏低，年龄偏大，培训机会少，不知监管，不会监管，大大削弱了民主监督效能，有时可能适得其反，成了违规行为的“保护伞”。

二、委托代理中心监管人员的“代理人”误区

在信息不对称的情况下，代理人为了自身利益，做出有损于委托人利益的行为，由此造成委托人利益受损的现象被称为委托—代理问题。乡村财务委托代理制度下，委托代理中心同时具有管理与监督职责，代理中心不仅是代理人，更是监管人。监管人员由于未参与乡村事务，对于收支事项信息不够了解，只能根据报销单据及对村会计的问询决定会计处理方法，因此存在信息不对称的问题。一些代理中心人员监管意识不强，认为自己的工作仅是为村集体代理记账，存在“代理人”误区。

三、乡村财务监管体系不完善

（一）规章制度有待完善

规章制度、机构设置、权责分配等构成经济组织的内部环境，而内部环境是内部控制的基础，要适应经济组织的自身规模和发展阶段，规章制度只有适应村集体经济的发展规模和发展阶段才能有效促进组织的健康发展，否则会阻碍组织的发展。部分乡镇没有形成适合自身发展的监管制度，缺少具体的流程和操作规范，不易实现有效监管。此外，部分乡村财务监管制度过于老套，原有的监管制度是根据早期的经济背景制定的，内容方法老旧，不适应新形势下出现的新问题和新情况，难以达到有效监管目的。财务监管制

度不适应村集体的发展规模和发展阶段，不能与时俱进，势必影响财务监管效力，阻碍监管水平提升，影响集体经济发展。

（二）预算制度待完善

万事预则立，不预则废。财务预算是对乡村财务收支的计划安排，是对集体所有资产资源进行系统性管理，好钢要用在刀刃上。根据委托—代理理论，村集体将资金账目管理权让渡给委托代理中心，代理中心利用自身专业知识为村集体代管资金和代理记账。村集体因委托代理而减少自身对乡村财务管理的重视程度，委托代理中心因资金资产资源的所有权、使用权、审批权和收益权仍归村集体而放松对乡村财务监督，从而使乡村财务监管缺少系统性。乡村财务的决策权在村干部手中，但村干部过度依赖委托代理中心，未形成规范的乡村财务预算程序和预算制度，收支无计划。有的村尤其是集体经济薄弱的村多是钱多时就多花，钱少时就少花，没钱时就不花，不得不花时借钱花，收了土地承包费再还借款，周而复始。不经村民代表大会同意盲目举债会造成村集体隐性负债增加，不利于乡村经济的长远发展。根据内部控制理论，财务预算是对乡村集体经济活动的风险评估，合理有效的财务预算将财务风险控制在合理范围内，实现资本效益最大化，不断促进集体经济健康发展；缺少财务预算就缺少对集体资产的合理规划，没有预算就无法决算，资金使用效率、资产资源运营效果、财务监管效用也不易比评，集体经济的发展或故步自封、迟滞不前，或突飞冒进，负债率飙升。

（三）审计制度不健全

内部监督使内部控制形成闭环管理，审计作为内部监督的重要手段，对经济活动的真实性、合法性、效益率进行审查监督，制约违法违纪行为，能够及时发现财务问题及资本是否有效运转，进而不断促进财务监管系统的优化提升；缺少审计制度则使财务监管系统呈静止状态，不能及时发现财务问题。有的乡镇的乡村财务审计工作并未成立专门的审计机构，而是由承担代理记账的委托代理中心进行，审计的独立性和权威性受到质疑。代理中心自己记账，自己监管，一些财务问题是无法及时被发现的，收支审批不严而不自知，造成资金管理混乱。而不会深究村集体欠了多少账，权责不清，留下了财务隐患，因而在后期易发生“新官不理旧账”的问题。

（四）绩效考核制度不健全

2020 年《关于加强统筹协调扎实做好农村经营管理工作的通知》（中农发〔2020〕2 号）提出，有关乡村集体资产管理等日常工作要落到具体承担单位和人员，明确岗位责任，纳入绩效考核。政府绩效考核是为督促各单位全面落实党委政府的重大决策部署，引导基层干部明确上级目标要求，激励干部担当作为，不断提升业务水平。乡村财务监管工作未纳入政府绩效考核范围，意味着工作没有明确的目标要求和奖惩标准，给监管人员造成财务监管工作不重要、工作努力不努力结果都一样的错觉。绩效考核是目标也是压力，没有压力就没有动力，乡村财务监管不纳入绩效考核范围会导致一些财务监管人员责任心不强，进取心不大，缺乏工作创新性。民主监督人员更是如此。不患寡而患不均，由于缺乏明确的考核标准和激励机制，乡村财务监管人员出现缺位、越位现象。长此以往，不利于乡村财务监管与村集体的正常运转。

（五）财务监管制度执行不严格

1. 乡镇政府与村委会工作关系上的特殊性

一方面，乡镇政府与村委会并非上下级关系，监管有空白。乡镇政府与村委会并非上下级关系，村民委员会是村民自治组织，不受乡镇直接领导，乡镇仅指导、支持、帮助村委会开展工作，所以村集体经济组织作为村民委员会的经济表现形式，同样不受乡镇政府直接领导，村集体制定自身经济发展战略，村民代表大会及村“两委”会决定资金投资方向、项目规划及财务管理，乡村财务状况又复杂多变，所以乡镇政府对乡村财务的监管缺乏主动性，难以做到精准监管。

另一方面，乡镇政府开展工作离不开村干部的配合，因而使监管有所保留。委托代理中心的工作不仅是为村集体代理记账，还有减轻农民负担、乡村集体产权制度改革、土地确权、发展农民专业合作社、监管土地流转……每一项都与乡村有关，每一项工作的完成都离不开村干部的协助。

2. 委托代理中心监管失衡

乡村财务监管体系主要由委托代理中心、镇财政、纪委、各行业部门和民主理财小组组成。纪委一般是发现问题后才会介入调查，镇财政管理中心在财政资金转入村集体账目后就算完成了监管任务，一些行业部门不了解财会工作，民主理财小组形同虚设，所以委托代理中心在财务监管体系中一家独大。这一方面是由于它的前身为乡镇农经办，本就具备乡村财务监管职能，另一方面是由于其现在的主要任务是代管乡村财务。根据内部控制理论，乡村财务监管应各部门各司其职，互相监督，环环相扣，但由于乡村财务委托代理的特殊性，委托代理中心与村集体既是契约关系，又是监管与被监管的关系。委托代理中心受村集体委托对乡村财务进行管理，委托代理中心的岗位职责对乡村财务进行监督，既管理又监督，“左手监督右手”的监管矛盾突出。财务管理工作占据了工作人员很大的精力，所以很难再有时间和精力去进行财务监督，故致监管失衡。

四、人才保障体系不到位

（一）教育培训缺位

人力资源、权责分配等内部环境要素是内部控制过程的基础，要适应经济组织的自身发展规模和发展阶段。具备相应的知识储备和工作技能，完成岗位职责任务，给组织发展提供正能量。乡村经济发展上升一个新的台阶，而如果人才保障、财务制度等配套措施保持原状，势必影响乡村财务监管质量。教育培训是人力资源管理的重要手段，是在培育适合岗位需要的优秀人才。乡村财务培训大多由县农经部门组织，但培训对象仅限于村会计和委托代理中心工作人员，范围小，时间短，财务知识弄不清、吃不透。民主监督人员的业务培训缺失。财务监管人员的业务能力包括工作方法、工作态度、工作所需要的技能和完成任务需要的智力支持。监管人员工作态度消极懈怠不知监管，不了解财务知识、未掌握会计监管技能就不会监管。乡村监管队伍不稳定，财经法规宣传不到位，财务知识培训少造成乡村财务监管人员工作认知不透彻、工作方法落后、工作能力欠缺，监管业务水平不够。

（二）薪酬待遇水平低

就薪酬和工作环境而言，乡村财务监管工作对优秀人才吸引力不大，乡镇以转移支付的形式承担村会计的工资，民主理财小组的工资各村根据集体经济状况自行安排。经济条件好的村能够承担民主理财小组成员的工资，经济条件差的村无力承担这项支出。但是乡村会计、民主理财小组的待遇水平普遍偏低。工资低任务重，工作成就感不高，就留不住优秀人才，整体的业务水平便难以提高，队伍稳定性难以维持。

第四节　乡村振兴背景下强化乡村财务监管的措施

一、建立健全乡村财务监管机制

2021 年山东省一号文件《中共山东省委　山东省人民政府关于全面推进乡村振兴加快农业农村现代化的实施意见》提出，村民委员会事务和集体经济组织事务分离、分账管理，依法保障乡村集体经济组织成员的集体收益分配权。新形势新要求，健全乡村财务监管机制，探索分账管理模式，是保障乡村经济发展需要，保证乡村经济活动合法性和财务记录的真实性，维护农民切身利益的保障。通过完善乡村财务规章制度，规范审批流程，强化财务公开，完善考核机制等措施强化乡村财务监管，促进乡村集体经济健康发展。

（一）完善乡村财务规章制度

建立全面财务预算制度势在必行。以年为计划周期，根据历年收支执行情况，制定下一年度的预计指标。村集体根据财务预算预计来年可控收入资金数额，控制资金运转方向，合理分配资金使用额度，盘活集体资金，同时避免超额支出、过度举债，提高财务监管效率。根据资金来源不同将集体资金分为财政监管与财务监管。将转移支付等上级财政拨付的用于乡村事务运转的财政资金纳入财政监管部分，根据往年收支编制下一年财政预决算；集体经济自身发展产生的经济效益纳入财务监管部分，借鉴全面预算管理手段，采用委托代理中心与村集体经济组织上下结合的参与性编制方法制定乡村财务预算，结合村民需求、经济现状、政府导向合理设定目标任务，做好事前预案、事中控制、事后反馈，核算周期结束后进行财务决算。将财务预算与执行情况进行对比分析，实现有效监控，将预算执行结果作为绩效考核的重要依据。

健全乡村集体经济审计体系。设立独立的审计站，或聘请第三方审计机构对乡村财务进行审计。乡村振兴战略提出以来，农业农村部为切实加强乡村财务监管有效性，指导各地资产管理工作，提出加强乡村集体经济组织的审计监督，独立审计，审计机构不参与村集体的生产经营活动。制定《乡村财务审计制度》，扩大审计对象，除了村集体还包括村集体下属的农民专业合作社、集体企业。专项审计与一般审计相结合，及时将审计结果张榜公布，增强审计工作透明度，发挥群众的监督作用，将审计监督与民主监督有机结合起来，以达到严肃财经法纪、改善经营管理的目的。还应加强乡村干部经济责任审计，尤其是离任经济审计，做到无缝对接“旧账”，对于有严重违法违纪问题的人员移交纪委或司法部门处理，依法追究责任。

（二）规范财务报账审批流程

严格执行白条不予入账规定，依法取得有效原始凭证，由经手人标注事项缘由并签字；民主理财小组审核，组长签字盖章；村支部书记、村主任复审签字，由村会计报送到委托代理中心。中心会计对报账单据进行记账初审，乡村财务主管领导审核，审批流程完成后，中心出纳根据中心会计出具的传递凭证予以报销。对于工程项目等村内大项支出执行“四议两公开”程序，报委托代理中心备案，公对公账户进行资金拨付，项目完成后及时移交并公示；村集体要经村民（代表）大会通过方可举债。对于上级补助收入等财政收入，严格按照财务规范履行报账手续；对于村集体对外发包土地、租赁资产等产生的财务收入规范报账流程，原始单据据实报销。

（三）强化财务公开制度执行

财务公开应及时、全面、真实。在公开场合和公开时间方面：在村务公开栏将上月明细定期公开，银行存款明细账每月一公开，固定资产与债权债务每季度一公开。在公开内容上，“银行存款逐笔公开榜”加“财务公开榜（月表）”加“内部往来余额表”一起公开，“银行存款逐笔公开榜”可以反映银行存款的逐项逐笔变动，能让村民详细了解村集体账户的收支情况，“财务公开榜（月表）”和“内部往来余额表”反映乡村负债、应收应付账款、资产资源变动、村内支出垫支等不涉及资金流动的经济活动，能全面地反映村里的每项经济业务的发生情况。将群众关心的财务问题详细公开，简明易懂地列出每项资金的来龙去脉。创新公开方式：除了公开栏、广播等传统公开方式，利用手机短信、微信公众号、政务公开 App 等网络平台进行财务公开推送，方便快捷，不受时间空间限制。同时，应将财务公开纳入绩效考核范围。

（四）完善财务监管考核机制

绩效考核的目的是奖优惩懒，刺激监管绩效提升。将乡村财务监管纳入基层政府的考核范围，合理设置绩效管理指标，将资金审核准确率、账实准确率、财务预算准确率、集体资源台账管理、财务档案管理、财务公开及财务监管工作满意度纳入对委托代理中心的考核范围，激励工作人员不断创新监管方式，学习财经新知识，更好地应对经济发展中出现的新问题，不断提升财务监管水平，提高监管效率。

完善乡村财务民主评议制度，即由村民代表定期对村干部的履职能力、村集体经济经营状况、财务管理工作、财务公开落实等进行评议，将评议结果作为村干部年度考核的重要参考指标，让民主监督落于实处。

二、完善乡村财务监管体系

（一）完善乡村财务行政监管体系

随着乡村振兴战略的深入推进，乡镇乡村经营管理体系建设越来越重要，要明确乡村财务行政监管主体。一些地方的乡镇农经站已恢复挂牌，乡村财务监管以乡镇农经站为主体，指导监督乡村经济发展，委托代理中心代理记账、代管资金，乡村集体经济审计站审计财务账目，实现乡村财务的监管有机融合。利用体制优势，将监管融入日常管理中，有效提升财务管理水平。定期进行账目审计、列席村集体资产资源招投标会议，经济合同备案，定期进行清产核资，加强资产监管。财政、纪委、民政等行业部门要进一步提高规范乡村财务工作的重要认识，强化监管责任。明确乡村财务行政监管的客体，村干部作为广大村民的代理人，需加强对村干部财务行为的监管。乡镇党委组织对乡村组织富有领导职责，明确乡镇党委监管责任，应选拔培养责任心强、素质高、懂管理的乡村领导班子。

（二）完善乡村财务法律监管体系

加快乡村财务立法步伐，制定专门规范乡村集体组织的相关法律，建立健全乡村财务法律法规，规范乡村财务监管。结合我国乡村经济发展的需要，制定《农村集体经济组织财务管理暂行办法》《农村经济合作社章程》规范产权制度改革后村集体经营活动和财务管理、分账管理。《最高人民法院关于为实施乡村振兴战略提供司法服务和保障的意见》（法发〔2018〕19号）指出要准确把握村民自治与国家法治的关系，依法打击“微腐败”“蝇贪”，积极参与基层治理。建设智慧法院、网上司法社区，方便就乡村财务监管问题网上立案、网上信访。深入挖掘有关乡村财务的案例，以案说法，利用广播电视台、法治节目、普法教育展馆等群众喜闻乐见的方式，加强乡村财务监管法治宣传教育。

（三）完善乡村财务社会监管体系

鼓励公众参与，建立以群众为基础的民主监管机制，乡村财务归根到底是农民群众自己的财务，民主监督才是根本，可采用群众喜闻乐见的形式促进群众民主监督。例如，设立乡贤监督员，邀请退休干部发挥余热，为村里工作建言献策、开展监督。为村民参与乡村治理搭建平台，畅通社会监督外部监管渠道，弥补民主监督的不足。如建立乡贤监督员列席重要会议制度，将监督触角延伸到决策制定等环节，变事后惩戒为事前提醒、事中监督，将监督贯穿财务管理全过程，激发更多的社会力量参与基层治理，推进乡村善治。另外，鼓励第三方会计机构参与，鼓励有条件的村聘请会计师事务所对村集体资金资产资源进行日常管理及审计监督，不断推进乡村财务监管工作规范化、公开化。

（四）构建乡村财务监管网络平台

随着科学技术的不断发展，网络技术运用常态化，电子发票、手机银行、云服务司空见惯。建立农经信息网络管理平台，开发乡村财务线上审批系统，借鉴企业“一网通办”系统工作机制，村会计将报销原始单据扫描上传提请委托代理中心进行材料指导，代理会计登录综合业务系统进行单据审核，不合格单据退回并进行情况说明，审核完成后村支部书记、村主任、民主理财小组各自登录进行单据电子签名，对该项经济业务表示认可，签名完成后将合格单据作为记账凭证附件的形式上传审批系统。这种非面对面办公，方便快捷，节省纸张。建立乡村财务公开系统，群众登录本村系统可查询“三资”管理情况、财务公开报表及资产资源交易状况，实现财务监管公开化、透明化。

三、加强乡村财务监管人员队伍建设

（一）提升队伍监管能力

2021 年 2 月中共中央办公厅、国务院办公厅印发《关于加快推进乡村人才振兴的意见》，提出加强乡村经营管理人才队伍建设。采取招录、调剂、聘用等途径，充实乡村经营管理队伍，确保事有人干，责有人负。加强业务培训，力争 3 年内轮训一遍。加强乡村集体经济组织人才培养，完善激励机制。扩大培训范围，行业主管部门、委托代理中心工作人员、村会计、村“两委”成员、民主理财小组成员等均应参加财务培训，设置基本财经法规、基础会计、村集体会计实务与“三资”管理、乡村集体经济审计、警示教育等培训课程，课程完成后进行结业考试。让学员通过培训掌握基本的财经法规、看得懂财务报表、知道如何监管。在培训时间上，与换届选举相关联，五年为一周期。五年一次大培训，培训时间为 3~5 天，详细讲解基础会计、财经法规；每年一次小范围培训，着重解决监管过程中出现的新问题，修正方式方法，传递财务监管新理念。民主监督是监管主要力量，更是整个监管体系的短板。文化水平不高、年龄偏大是他们的弱点，但作为村干部、村民代表的荣誉感激励着很多人愿意学习新知识、新技能，去更好地完成本职工作，所以定期举办培训班是不断提升乡村财务监管水平的必要保障。

（二）培养乡村财务监管后备人才

乡村财务监管需要具备一定的会计理论、财经法规、监管方式等专业知识技能，而专业知识积累不是一蹴而就的，所以储备财务监管人才力量是必不可少的。充实委托代理中心人员力量，配备财会专业的农经干部，可通过多渠道招聘专业财务人才。组建乡村财务检查队，定期下村开展财务检查，开展账实比对、财务公开是否及时、农民群众财务管理满意度等工作。充实网络监管队伍，将乡村财务监管信息纳入农经信息网络管理平台，由专业网络监管人员进行动态监管。

四、强化责任追究机制

（一）建立问题反馈机制

建立问题反馈机制，倒逼乡村财务监管发展。建立有效的问题反馈路线，即群众—民主理财小组—农经站—纪委或司法部门。设置乡村财务管理意见簿，收集群众反映的问题，对了解到的问题进行分类处理，能够当场回答和解决的就地解决，涉及相关部门的由农经站沟通，力求在较短的时间内有效解决；对于有悖国家法律和财经法规的问题，向群众做好解释说明；对于那些有代表性而现有政策框架内无法解决的问题，向上级农经主管部门反映。面对严重违法违纪行为，可将反馈问题移交纪委。

（二）加大违法违纪问题查处力度

完善责任追究制度，加大违法违纪问题的查处力度。2020 年中共中央、国务院出台《关于抓好“三农”领域重点工作确保如期实现全面小康的意见》提出，要“加大乡村基层巡察工作力度，强化基层纪检监察组织与村务监督委员会的沟通协作、有效衔接，形成监督合力”。一是明确责任追究对象，委托代理中心代理会计、村支部书记、村主任、村会计及民主理财小组等，主要追究情形为由于其不负责任、不作为、乱作为造成群众利益受损，给乡镇政府、村委会及群众造成不良影响的，追究其经济责任、行政责任。二是明确追究情形。包括：村干部贪污腐败，强占集体资源，套取国家资金，私设“小金库”等违纪行为；民主监督人员在村务监督过程中弄虚作假、不作为以渎职问题追究责任。三是明确责任追究后果。包括：诫勉谈话、通报批评、公开检讨、扣减年终绩效、停职检查、免职、解聘等处罚。四是加大违法乱纪查处力度，形成反腐高压态势，提高违法成本。增强群众民主监督意识，依靠群众加强监管。

第六章　乡村振兴背景下的乡村财务信息公开

第一节　信息公开政策演变及相关要求

一、信息公开政策演变

（一）信息公开的概念

信息公开是指国家行政机关和法律、法规以及规章授权和委托的组织，在行使国家行政管理职权的过程中，通过法定形式和程序，主动将政府信息向社会公众或依申请而向特定的个人或组织公开的制度。信息公开制度承认了公民对国家拥有的信息具有公开请求权，同时国家对公民的公开请求权有回答的义务。信息公开的目的在于增加国家行政活动的透明度，以保障公民的知情权。

国务院办公厅在《2015 年政府信息公开工作要点》中，明确地表述了信息公开工作涵盖的领域：推进行政权力清单，财政资金，公共服务，国有企业和环境保护等。信息公开的主体要件有行政机关、县级以上人民政府、设区的市级人民政府、县级人民政府和乡（镇）人民政府。同时，信息公开的主体并不局限于各级政府机关，还应包括法律、法规明确授权或委托的其他组织和个人。比如上市公司按照公司法要求及时公开财报。

（二）国内信息公开政策的发展

《政府信息公开规定》是广州市政府于 2002 年 11 月 6 日颁布的一项制度，这项制度是我国最早涉及政府信息公开的制度，于 2003 年 1 月 1 日开始实施，此后，我国其他各地也逐渐开展制定政府信息公开规定的工作。2008 年 5 月 1 日，国务院颁布了《中华人民共和国政府信息公开条例》，该条例从基本原则，公开的范围、方式、程序，以及信息公开的监督和保障等方面做了明确说明。《中华人民共和国政府信息公开条例》的制定与实施可以说是我国民主法治建设的一个里程碑。从此之后，我国以“公开为原则，不公开为例外”作为信息公开的基本要求，全面推进政务信息公开工作。

目前，我国在全国各地大力实施“五议五公开”原则，指出对于村（社区）组织重大事务决策和办理，需要按照“村民建议、村党组织提议、村两委商议、党员大会审议、村民会议决议”和“决策事项公开、审议程序公开、决议结果公开、实施方案公开、办理结果公开”的程序组织实施。由此可以看出信息公开始终贯穿事务发展进程。

在公开形式上，信息公开的关键载体为电子政务。我国各地按照“统筹规划、资源共享、面向公众、保障安全”的基础要求，在加强电子政务建设的同时，全力构建线上信息公开平台。

（三）乡村信息公开与乡村财务信息公开

1. 村务信息公开的内容

村务信息公开旨在通过向农民群众公开村务信息的方式来实现真正的民主自治和民主监督。因此财务信息公开应该将村民最关心的，涉及村民切身利益的关键信息，做到全面系统的同开，与此同时，还应该保证公开信息的质量，做到真实公开。

村务公开应该注意信息的真实性。个别的村干部不如实公开财务信息，村民们越看越不明白。这种公开不仅没有起到民主监督的作用，还会导致农民的坚决抵制。

《中华人民共和国村民委员会组织法》第三十条对村务公开内容进行了明确规定，村委会应及时公布的村务包含有村民会议讨论决定的事项、国家计划生育的落实方案、救灾就机务的发放情况、水电费的收缴以及涉及本村村民利益、村民比较关心的其他事项等。其中，涉及村民利益的事项包含由乡统筹的收缴方法、村提留的收缴以及使用本村享受误工补贴的人数、村集体收益所得、使用村办学校 / 村建设道路等公益事业的经费筹集方案、村集体经济项目的承包方案、村公益事业的建设承包方案、村民的承包经营方案、宅基地的使用方案等。

通过查询信息并结合各地官方的政策要求，村务公开的具体内容包含三个方面：其一，政策性信息。涉及国家政策、法律法规，以及村内的相关制度公约。其二，村务性层面信息。有关村内公共事项和公益事业，比如集体生产资料的分配、宅基地分派等。其三，财务性信息。主要涉及村集体收益所得、村内各项补贴、村民缴纳各项经费以及国家给予村户的各项财政补贴等。

同时，财务公开的内容需要随着形势的发展和变化以及村民的要求及时调整，丰富村务公开的内容，本着村民自治的核心原则，凡是涉及农民群众切身利益的事，都要向村民公开，接受广大村民的监督和支持。

2. 村务信息公开与财务信息公开

村务公开可以对村干部的不当行为进行约束，揭露村干部违规行为并及时进行处理。同时对清正廉明的干部进行表彰和嘉奖，使他们的付出获得应由回报，增强了广大农民群众的信心，是符合社会主义发展观的好制度。在当今市场经济背景下，实施乡村财务信息公开，可以切实推动村民群众进行自我管理和自我教育。这种方式不仅是广大农民群众的一项伟大创新，也是评价基层组织工作情况的重要指标，是与市场经济相互适应的乡村管理模式。乡村财务信息公开成为我国基层廉政管理和基层民主建设的重要工作。

村务公开的重点是乡村财务公开。乡村财务公开要求村集体经济组织要定期或不定期地将涉及村民利益的相关信息，向广大农民群众公布，以接受村民的监督，来保障村民全员参与民主自治和民主管理。乡村财务公开影响着村内财务管理工作的进行，关系着民主政策的建设，影响着乡村社会的和谐稳定。

乡村财务公开与乡村财务治理的水平及村民的个人利益存在十分密切的关系，对乡村的经济发展以及乡村社会的稳定都会产生十分重要的影响。只有广大农民群众真正掌握村集体的资金使用情况，才能真正实现民主管理；只有切实贯彻财务公开工作，才能真正保障农民群众的自治。

近些年诸多事实表明，导致乡村社会矛盾和纠纷的情况越来越复杂，而追本溯源，根本问题还是经济方面。具体原因之一就是村集体组织财务账目不清，管理混乱，弄虚作假。我国乡村民主自治要求村集体资金的每项开支都要向村民公开，村民有权对不合理的经济活动提出疑问、有权查阅村集体账目，并否决不合理的资金事项。只有这样才能让村民真正参与到村务管理中，形成监督机制，约束村干部的行为，进而实现真正的民主自治。

（四）乡村财务信息公开的意义

1. 乡村财务信息公开可以助力乡村经济发展

改革开放 40 多年，我国乡村经济有了巨大的提升，原来计划经济体制已经不复存在，现如今以家庭联产承包制为基础，建立了统分结合的双层经营体制。之后经过长时间的发展，经济水平有了很大的提升，农民生活中出现了很多先进的基础设置，全国范围内出现了很多收入颇丰的社会主义新乡村，经济的提升带来村民对经济事项的高度关注，乡村集体经济成为村民的焦点。在这个背景下，需要村民的全员参与，对村集体经济活动进行监督，使乡村经济发展日渐高升。乡村财务公开工作作为基本前提，发挥着至关重要的作用。

2. 乡村财务信息公开可以稳定乡村社会的和谐发展

事实表明，乡村社会矛盾和纠纷从根本上说，主要原因之一就是乡村集体经济管理水平不高。因此，在我国乡村实行财务公开，要求集体每项财务收支都向群众公开，让农民群众了解每项收支，有权查阅村集体财务账目，提出自己的疑问，对村干部的行为进行监督。村干部的工作有了村民亲身参与进行监督，便可以化解两者之间的矛盾，提高村集体财务透明度，保持乡村社会的和谐发展。

3. 乡村财务信息公开可以帮助基层民主化管理

实行乡村财务信息公开，可以促进乡村基层民主建设，真正地实现村民自治。通过财务信息公开，可以让广大农民群众参与到村集体事务的管理中，促进村集体的财务事项规范化管理，使所有村集体资产的使用都处于村民的监管之下，防止村干部随意处置，减少违规情况的发生，保护村集体资产的安全。通过实施乡村财务信息公开，可以促进基层民主自治的建设，真正实现村民自我管理。

二、乡村财务信息公开的要求

（一）公开内容

《中华人民共和国村民委员会组织法》明确了村务公开和乡村财务公开

的相关内容，详细内容见表 6–1。

表 6–1 《中华人民共和国村民委员会组织法》涉及财务公开内容统计表

款项	公开内容
第二十四条第一款第一项	本村享受误工补贴及补贴标准
第二十四条第一款第二项	从村集体经济所得收益的使用
第二十四条第一款第三项	本村公益事业的兴办和筹资筹劳方案及建设承包方案
第二十四条第一款第四项	土地承包经营方案
第二十四条第一款第五项	村集体经济项目的立项、承包方案
第二十四条第一款第六项	宅基地的使用方案
第二十四条第一款第七项	征地补偿费的使用、分配方案
第二十四条第一款第八项	以借贷、租赁或者其他方式处分村集体财产
第二十四条第一款第九项	村民会议认为应当由村民会议讨论决定的涉及村民利益的其他事项
第三十条第一款第二项	国家计划生育政策的落实方案
第三十条第一款第三项	政府拨付和接受社会捐赠的救灾救助、补贴补助等资金、物资的管理使用情况
第三十条第一款第四项	村民委员会协助人民政府开展工作的情况
第三十条第一款第五项	涉及本村村民利益，村民普遍关心的其他事项

根据表 6–1 可知，在《中华人民共和国村民委员会组织法》明确的 13 项村务公开项目中，有 7 项是和乡村财务有关。在《中共中央办公厅　国务院办公厅关于健全和完善村务公开和民主管理制度的意见》（中办发〔2004〕17 号）中同样提到了两方面重要内容，其一，财务公开应当继续作为村务公开的重点内容，每一项经济活动和财务收支必须逐笔登记，让广大村民可以了解、监督村集体经济活动、共有资产情况以及资金使用情况。其二，财务公开内容需要及时更新，紧跟我国乡村改革进程的新局势，总结问题，发现问题，改进问题。

《乡村集体经济组织财务公开规定》详细明确了乡村财务治理工作人员应公开的项目。表 6–2 为详细事项说明。

表 6-2 《乡村集体经济组织财务公开规定》涉及财务公开内容统计表

款项	公开内容
财务计划	①财务收支计划；②固定资产构建计划；③农业基本建设计划；④公益事业建设及“一事一议”筹资筹劳计划；⑤集体资产经营与处置、资源开发利用、对外投资等计划；⑥收益分配计划；⑦经村集体经济组织成员会议或成员代表会议讨论确定的其他财务计划
收入	①产品销售收入、租赁收入、服务收入等集体经营收入；②发包及上交收入；③投资收入；④“一事一议”筹资及以资代劳款项；⑤村级组织运转经费财政补助款项；⑥上级专项补助款项；⑦征占土地补偿款项；⑧救济扶贫款项；⑨社会捐赠款项；⑩资产处置收入；⑪其他收入
支出	①集体经营支出；②村组（社）干部报酬；③报刊费支出；④办公费、差旅费、会议费、卫生费、治安费等管理费支出；⑤集体公益福利支出；⑥固定资产购建支出；⑦征占土地补偿支出；⑧救济扶贫专项支出；⑨社会捐赠支出；⑩其他支出
资产	①现金及银行存款；②产品物资；③固定资产；④农业资产；⑤在外投资；⑥其他资产
土地	集体所有的耕地、林地、草地、园地、滩涂、水面、“四荒地”、集体建设用地等
债权债务	①应收单位和个人欠款；②银行（信用社）贷款；③欠单位和个人款；④其他债权债务
收益分配	①收益总额；②提取公积公益金数额；③提取福利费数额；④外来投资分利数额；⑤成员分配数额；⑥其他分配数额

（二）公开时间

《中华人民共和国村民委员会组织法》和《乡村集体经济组织财务公开规定》对村委会进行财务信息公开工作做了详细说明，除了要求公开内容应真实全面，更规定了公开的流程以及公开时间。信息公布前要让村民理财小组进行审计，之后交由村民代表大会审核并且收集反馈意见，需要时进行相应的修改。

村子里应该成立理财小组，对每月的原始凭证进行审核，月末做统一的清点和记账工作。在“村账乡管”模式下，财务工作人员在对乡镇管理中心进行保障时，管理中心要配备专门的审核人员，对送达的财务信息进行核对，之后交给各个村落予以公布。公布的时间也进行了相关要求，乡村财务信息应该做到每月公布信息公开的时间，公开后通知全体村民知晓。公布时间应该至少做到每季度一次，对于经济活动较多，财务往来较多的村落应该每月公开一次。涉及村民利益的重大事项，应该及时公开。在每季度、半年、每年都要进行预算方面的设定和公开，形成季报、半年报和年报。在公开后，还要安排专门的工作人员在一定时间范围内接待有疑问的村民，并及时解答村民的疑惑。

在财务信息公开的过程中，乡镇政府部门应该做好带头作用，认真贯彻相关要求，对村干部的工作进行有效监督，让村民及时了解村集体经济的现状，发挥政府管理作用以及事后的监督工作，将乡村财务信息公开落到实处。

（三）公开形式

我国传统的财务公开方式有公开栏公开、广播公开，随着科技的发展，最近几年，村民们本着方便、快捷、省时省力的原则，创新了多种财务公开形式，将新型方式与传统方式结合在一起，使财务公开工作更加全方面的开展。

1. 固定公开形式

固定公开形式是我国各地区普遍采用的方式，它是指在固定的地点进行财务公开工作。固定公开形式可以分成两类，一是在村子里设立公开栏，即永久性公开橱窗。公开栏会定在村内村民较为集中，比较容易被注意到的地方。有的公开栏上还会进行类别的区分，比如事务公开栏、财务公开栏、缴费公开栏等。公开栏的优势是信息公开位置是固定的，如果公开栏保护措施得当，公开的信息可以被保留很长时间，便于村民群众随时了解相关信息。二是公开墙报，公开墙报是指在一面外墙壁上用黑色水泥上漆而制成的墙体。公开墙报在村子中的位置要求大体上和公开栏相同，操作方式也相似，只是公开墙体在设计上会比公开栏更为简单，设置的成本更低。

2. 会议公开的形式

会议公开是指在村落召开会议，由村委会项目负责人向村民公开财务。有的地方称为演讲公开。这种公开方式在不同地区具体的操作方法不太相同。有的地方专门针对村务开展村民（代表）会议，有的则是与平日中的“民主日”活动相结合。会议公开的优点是，村民委员会与村民面对面交流财务信息，对有疑问的地方可以当面进行说明，方便村民更加直观地了解实际情况。而且针对村民有疑问的事项，村委会成员也可以直接进行说明解释，这样可以使监督工作更加高效。对于村民提出的建议，村委会成员可以与村民商讨，两方一起进行村务上的决策，实现双向交流和互动。

3. 流动公开的形式

流动公开形式是通过信息动态运行的方式实现村务公开。流动公开方式也有两种：第一种是农民负担明白卡，明白卡上写明村子当年提留的项目、费用、劳务信息等。通常明白卡每年在乡镇部门批准村提留预算方案后填写，填写后发放到每户村民家中，由各家各户保存、监督。使用明白卡可以第一时间把公开信息送到村民家中，让村民及时了解经济活动情况，公开时效性强，受到农民群众的广泛欢迎。第二种是以文、表公开，即下发公开文、公开表来进行财务公开，包括明白纸、通知、简报和公开函等材料。这种公开方式的优势有公开内容很灵活，可以根据实际情况进行增加，时效性强，可以在很短的时间将公开信息送达到各村民家中，做到家喻户晓、人人皆知。

4. 辅助公开的形式

辅助公开形式包括广播公开、电视新闻公开、网络公开等。这些公开方式比较受农民群众的欢迎，因为可以更加快速、方便地通知到家家户户。科技的发展，互联网的运用，为乡村财务公开工作提供了新的思路，目前，互联网也走进了千万乡村家庭，大家都体会到了互联网带来的各种便利。而将网络运用到乡村财务信息公开中，不仅能保证公开的时效性，对于文档的保存还提供了很大的便利。

综合来说，不论什么样的公开形式，都要保证财务信息公开内容的完整、信息的时效性以及保证村民对信息的有效接受，对于村民的疑问，村委会工作人员要耐心解答。

第二节　乡村财务信息公开现状

一、G 县某村介绍

乡村财务治理作为乡村工作体系的重要组成部分，其管理水平直接关系当地的经济发展情况和社会的和谐稳定。而乡村财务信息公开工作是检验财务管理水平的关键，对强化乡村民主自治管理有着非常重要的意义。乡村财务信息公开是村民自治的基础，也为乡村经济的有序发展提供保障。因此，乡村财务信息公开是一项非常重要的政治任务。

乡村财务公开工作是一个新兴事物，在日常工作中还存在诸多问题。本章以河北省 G 县某村为例，通过对一个村子的调研进行微观分析。这项调研所得到的启示具有十分广泛的意义，这项研究所调研的乡村和很多乡村相似，他们有着共同的人文历史、相同的发展历程、相似的文化传统。通过此次研究，我们能够在一定程度上了解乡村财务信息公开的现状及成因。

河北省 G 县，人口 27.7 万人，农民生计历来多以农耕为主，其他产业较少。随着科技的发展，近几年 G 县经济有了显著增长，在 2018 年 9 月，G

县获得商务部“2018年电子商务进乡村综合示范县”荣誉称号，次年5月，河北省省政府批准G县退出贫困县序列。

某村作为G县的典型村之一，村民主要以农耕为主，村内共232户，700余人。多数村民以农耕为主，各家各户男主人通常会外出务工，农忙和过节时回家。女主人负责日常农活，同时照顾孩子起居。随着乡村经济的发展，新一代年轻人成家后，夫妻二人通常都会外出工作，薪资水平高一些的会把孩子带上，而大多数则是留在村内由老人帮忙带。其他工业方面，除村内有几家农户开办了鸡鸭养殖场和蔬菜大棚外，没有其他的工业种类。

村委会成员包括村支书（村长）、村主任（兼纪检主任）和会员代表等，村内没有设置专门的财务人员，只有一位村支书指派的“会计”，负责记录日常会议纪要。在生产队时期，村内共分为六个队，目前村内事务仍然以“队”为单位进行管理。每队选出一个队代表，当村内有事务需要商议时，各队代表参加，再传达给各队村户。图6-1为G县某村村务管理图。

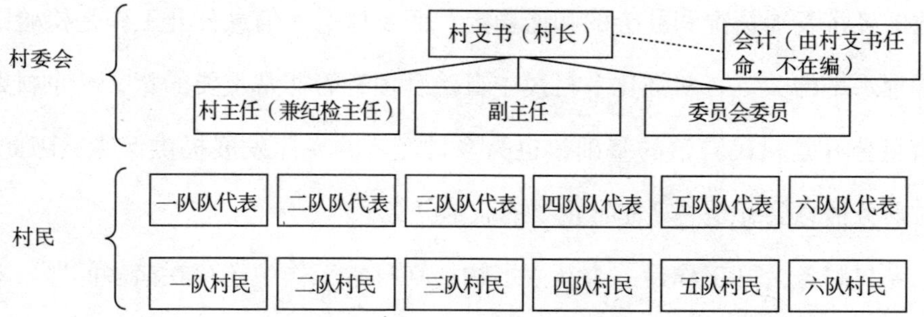

图6-1　G县某村村务管理图

二、G县某村调研过程

调研分为定性和定量两个环节。

在定性环节，笔者分别访问了村支书W、三队原队代表L和村民：

1. 乡村状况

村户数量；村工业类型 / 数量；村委会成员构成；组织架构。

2. 乡村财务管理现状

乡村财务管理人员构成，每个人的日常工作，如何配合？乡村财务管理模式（村账村管、委托代理、村账乡管）、报账人员、报账频率、报账形式。

3. 乡村财务信息公开

目前村内事务公开的内容有哪些？其中公开的财务信息有哪些？财务信息公开的频率？多久公开一次？公开的形式？如何判断村民有了解到相关信息？村民对财务公开是否出现过疑问？

4. 其他

对于乡村财务管理工作有没有哪些方面是目前存在问题，需要上级相关部门或是村民给予支持的？

定量环节分为问卷设计、数据收集、数据分析三个部分。调研问卷是根据定性发现进行设计，旨在了解村民对于村内财务工作的关注度以及对财务公开工作的看法；本次数据收集工作使用了数据说平台，在平台上进行问卷编程，生成了问卷链接，将答题链接发送给各户村民来收集数据。数据分析工作是使用 SPSS 统计软件进行。按照统计学中 95% 的置信水平，在全村范围内共收集 50 份村民问卷。

三、G 县某村财务治理及财务公开现状

（一）G 县某村财务管理现状

在定性访谈中，据村支书介绍，目前村内财务事务是由上级部门进行统一筹划，如有各项补助，乡镇会直接发放到各家各户的账面上。村集体的各

项划拨，也全部是由实物交付，比如村办公室的各项办公物品等。

从村民以及村代表处了解到，村内存在一些财务相关事务，是由村支书一人负责。

由此可以看出，村内部分财务工作由村支书一人管理，并且没有形成有效的监督机制，没有进行信息公开程序，存在极大隐患。

（二）G 县某村财务信息公开基本情况

1. 公开内容

村内公开内容主要包括村委会干部分工责任、党员责任、党支部分工等；财务信息公开主要包括上级直接下发到各村民账户的各项补助和拨款，比如粮食直补、种植补贴、低保贫困户补贴公开等。据村支书介绍，上级部门发放各种补贴时，会直接将款项发放到各村民账户中，村内会以纸张的形式张贴到村内公告栏，村民自行查看。

从定量调研数据中可以看出，有半数受访村民不清楚财务公开内容；另有部分村民表示财务公开的内容包括本村享受的各项补贴（44%）、上级各项拨款（24%）、村集体收益所得（6%）。

值得注意的是，整体上村民对财务公开工作的关注度不高。

2. 公开时间

定性访谈中，村支书表示财务信息公开没有固定的公开时间，上级有面向村民的任何财务拨款，在到款后一周内通常会在村公告栏张贴出来。从对村民的定量访谈数据中看，80% 村民表示村内财务公开工作没有固定时间。

3. 公开形式

村内财务信息及其他信息的公开方式，都是张贴到村公告栏上供村民查看，村内广播加以辅助。定量和定性调研数据一致，受访村民表示公开形式为村公告栏，另外有受访者表示有通过广播（20%）、网络（4%）进行公开。

（三）村民对财务信息公开的满意度及其影响因素

村民对村内财务信息公开的整体满意度不高，平均分值为 2.62 分。

整体上村民对财务工作的关注度不高，大部分受访村民表示，“自己不懂这些（财务公开信息），知识水平受限，有时候村内公告栏公开的内容村民也看不懂，所以平时不怎么关注。”从村民的教育程度和对财务信息的关注度较差数据来看，学历高的村民相较于学历低的（尤其是没有上过学）村民，对村内财务信息公开的关注度更高。因此，教育程度是比较关键的影响因素。表 6–3 为村民学历与对财务公开关注度交叉表。

表 6–3　村民学历与对财务公开关注度交叉表

问题	关注度	没上过学	小学	初中	高中及以上
您对本村财务信息公开工作的关注度如何	非常关注	0%	0%	20%	0%
	比较关注	0%	29%	13%	60%
	一般	22%	41%	33%	20%
	不太关注	67%	24%	27%	20%
	完全不关注	11%	6%	7%	0%
	总计	100%	100%	100%	100%

通过相关性分析发现，村民对财务信息公开的关注度与村民的满意度呈反比，即会关注财务信息公开工作的村民，他们对村内的财务工作及财务信息公开的满意度更低。

需求创造动机，动机促成行动。当人们对于某一事物有需求时，就会去寻找。如果一直找不到自己想要的，或者找到的和自己的需求有出入就会产生失望，产生不满。村民对于财务信息的需求也是一样。村民对财务信息越关注，越会研究财务信息，这样就越容易发现其中不尽人意的地方，因此满意度更低。表 6–4 为村民关注度相关性分析。

表 6-4　村民关注度相关性分析

问题	指标	对本村财务公开工作的整体满意度	对本村财务工作的整体满意度
对本村财务信息公开的关注度	皮尔逊相关显著性①	-0.152267494	-0.137986831
	N	50	50

① 皮尔逊相关系数变化从 -1 到 +1，当 $r>0$ 表明两个变量是正相关，即一个变量的值越大，另一个变量的值也会越大；$r<0$ 表明两个变量是负相关，即一个变量的值越大，另一个变量的值反而会越小。

第三节　乡村财务公开存在的问题和原因

一、G 县某村财务信息公开问题

（一）财务信息公开内容、时间、形式问题

从定性访谈和定量统计数据中可以看出，将村内财务公开信息张贴到公开栏，是村内主要的财务信息公开方式，村内广播加以辅助。但是公开内容局限于上级对村民的各项财务划拨，而有些事项并没有按照规定予以公开。经过实地走访发现，公告栏仅是一面涂了黑色柏油漆的墙，没有任何遮蔽设施，风吹日晒，张贴的内容很快便会损坏。此外，小孩子经常会在墙面上乱写乱画，没有人管理。很多应公开的财务信息没有按照规定按时公开，具体问题包括：

一是财务信息公开内容不完整，质量不高。按照政府要求，对于涉及村民自身权益的信息应该全面予以公开，并每月报账。而村内目前只是公开了政府对村民的各项补贴政策，部分事务未按照要求逐笔对村民公开。可以说，公开的内容不全面，村民没有办法了解到本村的真实的财务资产情况，

知情权得不到落实。

二是财务信息公开时间不符合要求。按照农经发〔2011〕13号文件《乡村集体经济组织财务公开规定》中所要求的，村委会干部应当每月将村务报表进行公开或者规定村内财务公开的具体时间。在调查中发现，虽然已经明确规定了村集体收入支出要明确每月进行公开，但是村委会对财务公开的时间存在任意行为。村干部没有按照规定将需要公开的财务项目全部进行公开，也没有固定的财务信息公开时间，只公开村民收到的各项补助信息，因此公开时间具有不确定性。在定量调研中也证实了这个问题，多数受访村民表示财务公开信息并没有固定时间。

三是财务信息公开方式较单一。该村村公开栏设在村内较中心位置，村民查看比较方便。但是根据访谈了解到，村民只有在偶尔顺路路过的时候才会去看一眼，基本上不会专门前去查看，公开方式的单一也影响了村民对财务信息公开的关注度。而且公开栏仅是一面墙体，张贴在上面的纸质材料没有设置任何保护措施，日晒雨淋，很快字迹便模糊不清，这样更是失去了信息公开的作用。如今，互联网已经走进乡村，很多人使用微信和短视频进行社交活动，网络在乡村中同样成为一种十分高效的信息传达方式，如果可以通过手机App或者网页进行财务公开，会更加方便村民查看信息，增加村民民主监督力度。

（二）财务信息公开监管缺位

关于乡村财务信息公开工作，如果村干部没有意识到财务信息公开工作的重要性，对于涉及村干部自身利益的信息选择不公开，或者有选择性地公开，在信息公开工作上存在任意行为，不将政策规定放在心上，很容易导致“一言堂”现象，甚至滋生腐败问题。

从村民的角度看，一方面，由于村民教育水平限制，稍复杂的信息便看不懂。另一方面，如今留守在乡村的更多的是老人、妇女和儿童，多数青壮年都是常年在外打工，因此参与村集体财务相关工作更是少之又少。因此，整体上村民对财务信息公开的参与积极性不高，也同样没有真正投入监管的工作中来，导致村级财务公开监管缺位。

（三）工作人员积极性不高

在民主自治的政策下，村干部的任选通常是村内较有声望或者是作为村内“大户”，在村务管理和财务管理上没有经过相应的考核和培训，专业素养和责任性都有待加强。而且据了解，村干部的月薪不高，在一定程度上可能会影响村干部工作积极性。

二、G县某村财务公开存在问题的原因

（一）忽视财务信息公开工作的重要性

世间万物的结果都有其原因所在，而造成以上财务问题的首要原因，还要属村干部对财务信息公开工作的重视度不够，认识不到信息公开的重要性。在财务公开工作的流程上，应先由村委会取得村民代表大会的同意，对财务活动相关的支出和收入进行审议，同时由村理财小组进行监督，经过村理财小组审查的票据和账目，进行报账、记账。在报账的过程中，需要编制财务公开表，由村书记、理财小组、报账员签字并加盖公章，并在报账结束后尽快公开报账内容。

这一套程序看似简单，但是在落实的时候还是会出现很多问题。一方面，有的基层干部主观上怕麻烦、怕暴露问题、担心群众不满，因此不想公开财务信息。另一方面，有的村干部认为财务信息公开工作量大、涉及人员广泛，便以工作繁忙、业务简单为借口，缺乏积极的工作态度。甚至有的村干部选择性地进行财务公开，他们忽视财务信息公开工作的重要性，没有按

照规定认真贯彻财务信息公开工作。

（二）监管职能缺失导致一言堂现象

对于信息公开工作的监督主要有两方面力量，其一是上级部门的监管，其二是来自村民的监督。而因为种种原因，两方面的监督力量都没有起到相应的作用。

乡村财务信息公开旨在让村民了解村集体经济状况，是村民自治的重要体现。但是在实际生活中，由于种种原因，村民更加关注的是自身温饱和生活水平的提高，他们不太关心公开栏上公布了什么或该公布的内容有没有公布，他们甚至认为村干部工作和自己没有关系。这样的态度导致了在村民中没有建立有效的监督效力。而且，村民的学历普遍不高，很多村民没有上过学，即使村民想参与村务管理，有些信息村民也读不懂，这样还是无法发挥监督作用。两方监督缺位导致出现村干部的“一言堂”现象。

（三）“乡土社会”下的人际交往惯性

首先，中国乡土社会是一个“熟悉”的社会、没有陌生人的社会，人情关系密切，每个孩子都是在街坊四邻眼中看着长大的，每个人眼里周围的人也都是从小看惯的。为了保持这种“和谐的人情往来”，大部分村民希望自己能够置身事外，除非与自己关系十分密切的事情，其他不关己的事情不愿意过多参与，因此对于村干部的村务工作、财务监管工作，参与意愿并不高。

其次，村干部通常是在本村有一定威望或经济能力的人。村干部是本村的“家长”、村民的“当家人”，他们受到村民的认可，在权力的倾斜和利益的驱动下，有的村干部逐渐膨胀，认为不需事事都向村民报告，自己是一村之长，村内事务可以由自己一人决定，进而产生违规操作。

这是几千年来中国乡土社会沿袭下来的人际交往惯性，改变不易，但是却关乎问题本质。因此有必要从制度上入手，将村干部和村民的关系由单纯管理与被管理调整为休戚相关，盈损共担。

第四节　乡村振兴背景下优化乡村财务信息公开的建议

一、规范乡村财务公开的内容、形式和方式

首先，应完善财务信息公开内容。按照要求，涉及村民利益的、村民关心的事项都要想村民们予以公开。在进行财务信息公开时，既要披露流动资金的动态，又要如实披露年初的财务预算、土地承包收入、固定资产、村集体收入分配情况。政府惠及农民的相关政策，更是要毫无保留地如实告知村民。对于涉及村民切身利益的信息应扩大公开范围，使村民及时获得最新信息。财务公开内容应表达得详细明确，以便村民们理解。

其次，要规范财务信息公开时间。公开时间的规范与细化公开内容应同步提高：对于村民关心关注的项目应该及时公开，确保村民第一时间了解到政府相关政策和信息；对于涉及村民集体利益的事项，包括村集体收入和支出，应每月公开一次；固定资产等不常变化的项目应一个季度或半年公开一次。

最后，要扩宽财务信息公开方式。公开栏或广播等传统的方式已经不太能够满足农民群众对于财务信息公开的需要。随着乡村信息化建设的普及和发展，信息化管理的优势凸显，这为解决传统的财务公开方式面临的问题提供了新的思路。梳理“互联网 +”思维，建设村级公开平台，可以打破传统公开模式，抓取村务“第一手”信息。这样不仅可以全面系统地公开财务信

息，而且通过网络，工作人员还可以第一时间收到村民的反馈，消除信息不对称带来的沟通落差，接受村民的参与和监督。村集体财务公开网络化需要政策上的推动和支持，以及对广大村民的引导和教育，会耗费一定的人力及财务成本，但是网络化带来的益处是巨大而深远的，对规范村级财务管理的作用不可小觑。

二、改善村级财务信息公开各方监督和支持制度

第一，应强化乡村民主自治的机制建设。监督委员会应负起监督责任，并将监督管理工作落实乡村集体财务事项上，做到无遗漏，确保监督内容的全面和完整。保证集体资金所有权为前提，根据广大村民的意愿，由村委会进行经济活动的组织、财务的管理。强化乡村民主自治的建设可以做到以下几点：其一，保障广大农民群众的决策权。坚持民主决策原则，大力维护农民群众的决策权，消除村务由少数人决定的现象。其二，保障广大农民群众的监督权。对于村集体经济活动，农民有监督村委会干部的权利，如果发现违规行为要发挥监管权力，及时反馈问题进行调整。其三，保障村民的知情权。对于村集体经济活动和财务相关信息，应定期对村民进行公开，并且保证财务信息简洁明了，确保老百姓能看懂。同时，建立村民监督反馈机制，老百姓对信息有疑问和诉求时，能够有效回应，确保问题能够妥善解决，及时反馈给村民，使每一项乡村财务工作都经得起检验。

第二，丰富乡村财务信息监督模式。乡村财务信息监督模式包含村民代表大会、民主监督、上级主管部门选用的其他监督模式等。在民主监督机构模式下，监督机构的人员应具有一定的财务知识，并受农民群众信任。在日常工作中，应确保民主监督机构的独立性，他们应具有对乡村集体财务管理

人员进行检查和监督的权利，也具有评判各财务事项的合理性的权利，监督机构应及时发现需要问题，对于存在疑问的事项要及时反馈问题，并追问纠正问题的方式和策略。上级部门的监管工作主要是通过外部其他单位的参与，对村集体财务进行审核和监督，具体操作方式，可以在村镇设立审计部门，也可以选择在乡镇政府部门设立审计机构，这种审计模式具有较高的独立性。乡村财务信息公开的监督工作，应丰富监督方式，并考量当地村民的特点，采取全面的监督模式，以确保财务信息公开工作的规范和信息的透明。

第三，应明确工作人员的职责。对乡村财务信息公开进行监管，应明确各工作人员的岗位责任和义务，加强财务工作的监督管理。财务管理中必须坚持遵循职务分离原则，合理设计出纳、会计和审计岗位，避免发生“权责不分”“一岗多则”的现象，以此发挥组织内部的互相牵制作用，保质提效，规范管理。同时，要加强乡村财务治理人员的业务能力，定期开展法律、会计知识培训班，并建立考核机制，赏罚严明，调动工作人员的积极性，而针对出现的违法违纪行为，应严格按照法律法规进行处理。

三、调动村干部业务积极性和村民的参与积极性

村民群众是乡村自治的主体，村民对公开工作的参与程度是考量财务公开工作质量的关键指标。村民能够行使自己的监督权，对村干部的工作进行监督管理，说明该地的财务公开工作相对有效，同时，如果财务信息公开工作能够保质有效地进行，会有更多的村民感兴趣并积极参与其中。从此次调查来看，村民的参与情况并不乐观，根据乡村熟人社会的特点，需要从以下两个方面加以改进：

第一，对村干部成员采用绩效管理模式，让村干部和村民之间由管理与被管理的关系，改为盈损共担的关联关系。单纯地号召让村干部去除利己思

想、一心一意为老百姓服务是苍白无力的。农民社会有其自有的特点。乡土社会是一个熟人社会，熟人社会中每个人都知道对方的底细，信任建立成本比较低。乡土社会里的人际交往之间，从熟悉中得到信任，而且这个信任的获得是没有任何根据的，却是可靠的。邻里之间的合作也是稀松平常的一件事情，两家的丈夫都外出打工，妻子则组合成临时的“合作伙伴”，在劳作的时候互帮互助。信任和合作是乡村生活的特点，也是一种优势。因此，可以对村干部实行绩效考核，通过物质激励，促使村干部有效发挥乡村生活中的这项优势，让村民更加紧密地结合起来，劲往一处使。农民是勤劳的，在正确思想的领导下，必然会创造更美好的生活。而村干部的考核依据便是其所在村落的经济发展状况和每个政策的实施情况，将其并入村干部工资、奖金、评先、提升等方面，让村干部的付出获得同等回报。与此同时也提出了一种新的思路，乡村社会的发展应该根据我国特有的文化传统，探索出一种适合我国本土的发展模式，不宜直接照搬发达国家的发展历程。

第二，重视乡村文化建设，提升村民的文化基础。乡村财务信息公开工作应实事求是，注重细节。进一步完善财务公开内容，要让农民能真正看得懂，看得明白，才能使农民真正地参与进来，真正地实现村民监督。而且现如今乡村里的青年大都外出工作，留在家中的多是老人、妇女和儿童，他们的受教育程度普遍较低。在这种情况下，有些村民即便想参与村务的管理，但是受限于教育水平，他们对于财务信息没有办法形成很清晰的认知，在询问他们的反馈和诉求时，往往得不到具有建设性的回复。因此在乡村治理工作中，必须考虑到这个问题，在开展乡村财务治理工作的时候适当进行一定的科普工作，让村民了解乡村治理相关的信息和制度，了解在乡村治理中自己的权利和义务，自觉参与到乡村发展及财务管理的工作中来。

第七章　乡村振兴背景下的乡村财务管理模式改进

第一节　乡村财务管理模式的现状

随着新乡村建设的深入开展，我国乡村经济发生着日新月异的变化，涉及“三农”的现金流在资金规模和流动速度上都有了很大提升，民众对会计信息质量和财务管理水平也有了新的、更高的要求，乡村财务管理的重要性得到进一步凸显，传统的“村账村管”模式显然难以适应新形势的要求。

根据相关理论的要求，特别是制度变迁理论，我们必然要对传统的财务管理模式进行完善和发展。就目前而言，在实践中，我国乡村财务管理主要存在着四种模式，即“村财村管”“会计委托代理制”“双代管”和“村级会计委派制”。在这四种模式中，会计委托代理制是国家重点鼓励和推行的模式，而其他几种模式也被相对少数的地方根据自身的经济发展状况和其他客观条件进行选择运用。

这四种模式最本质的区别在于对乡村财务会计人员的任用形式不同，进而对乡村财务的监管力度不同。有专家学者认为，改变了乡村财务会计人员的任用模式，对村民自治造成了很大程度的破坏，是一种不合法的行政行为。本章理论联系实践，解释了我国在乡村财务管理模式的改进过程中所遇到的一些问题和困扰，并在此基础上进一步倡导国家应该从行政上确立多种财务管理模式的并存地位，为各地根据自身的经济发展状况和其他客观条件选择最适合当地发展的模式奠定基础。

近三十年来，我国农业的基础地位显著提高，国家宏观指导思想也由“优先发展工业”向“工业反哺农业”转变，社会主义新乡村建设如火如荼，“三农”经济得到了大幅发展。为更好地支持和服务新乡村建设，进一步巩固已经取得的成绩，按照《财政部关于印发〈村集体经济组织会计制度〉的通知》（财会〔2004〕12 号）要求，“村集体经济组织应配备必要的会计人员，也可以按照民主、自愿的原则，委托乡（镇）经营管理机构及代理记账机构代理记账、核算”。于是，传统的“村账村管”模式正式被打破，新的模式呼之即出。从目前来看，现行的乡村财务管理模式主要有“村财村管”“会计委托代理制”“双代管”和“村级会计委派制”四种，这四种不同的模式可以理解为分权与集权理论下的四种程度不同的权力博弈的表现，也可以看成各地经济发展过程中所需要经历的四个阶段。

一、“村财村管”模式

“村财村管”模式是对传统的“村账村管”模式的一种继承和发展。在传统的朴素观念中，人们认为“财（在此表示的是广义的现金）”比“账（在此表示凭证、账簿和报表）”更加实在，只要把握了“财”，就完全把握了整个财务管理的主动权和自治权。所以，为区别这两种模式，在实践中我们立足于农民，依据“账”的管理人不同进行简单划分，将其归纳为两种模式，一种是既管“财”又管“账”的“村账村管”模式；另一种是“强管财弱管账”的“村财村管”模式。

“村账村管”是由村民自治委员会直接聘请财务人员从事乡村集体经济组织的财务会计管理。这种管理模式要求，在业务上，村级财务必须接受乡镇农经站（或乡镇财政所）的指导和监督，但是村级财务会计人员只需要对村委会负责，村委会对全村村民负责。这其中，财务管理的内容不仅包括原始凭证、账簿、报表等，也包括广义上的各种现金，即“账”和“财”都是在乡镇农经站（或乡镇财政所）的指导和监督下自主管理，高度体现了村民委员会的自治。

“村财村管”模式与之最大的不同就是将“账”的管理权上移，交由乡（镇）一级相关部门进行管理。根据乡（镇）一级对“账”的管理程度不同，我们一般还可以细化为两种管理模式，即“村账乡审”和“村账乡管”。就“村账乡审”而言，它是在维持原有的村资产三权（所有权、使用权、收益权）不变的前提下，从制度的层面加大了对乡村财务管理的监督力度，将审核、审查、审计常态化和制度化。这种管理模式从本质上并没有改变村委会原有的财务管理地位，依然维持了村委会最大限度的自主管理权力。但乡村财务管理中的所有业务都必须由乡（镇）一级相关部门管理审查，加强了对村级财务中每笔业务的监督和审查，使在保证村级资产所有权不变的前提下将监督权强化了，整个财务变成由乡（镇）一级相关部门和村委会共同管理。

“村财村管”较之原有的“村账村管”管理模式有了较大幅度的变化，直接从制度上提升了乡（镇）一级对村委会财务管理的权力和义务，明确了乡（镇）一级对乡村财务进行管理的地位。在这一模式下，乡（镇）一级有关部门（主要是农经站或财政所）直接管理村级财务账务，村不再设置专门的财务部门，而只设置出纳，但村级各项支出均须向乡（镇）一级提出申请，待审核批准后方可实施，实施过程中与乡（镇）一级有关部门相互协调，保证做到账实相符。

二、会计委托代理模式

会计委托代理模式是乡（镇）乡村经营管理部门受村集体经济组织或村民委员会委托，直接对乡村财务进行管理的一种模式。该模式为农民和村集体提供成本核算等记账服务以及与财务公开有关的各种信息，也为完善乡村土地承包、减轻农民负担、集体收益分配提供核算依据，是乡村财务管理规范化建设的基础性工作。这种财务管理模式充分尊重了村民委员会以及全体村民的意愿，是建立在村民自治的传统意识之上的一种“软着陆”的管理模式，是对“村账乡管”的一种继承和发展，能够被广泛接受。

2006 年 6 月 26 日，为推动乡村集体财务管理规范化建设健康有序开展，加强对乡村集体财务管理规范化建设管理，《农业部办公厅关于印发〈农村集体财务管理规范化管理办法〉的通知》（农办经〔2006〕6 号）中明确了对在乡村实行会计委托代理的乡镇会计核算中心的管理办法及操作细则，规范了会计委托代理制在村级财务中的运用。2006 年印发的《关于进一步规范乡村财务管理工作的通知》（中纪发〔2006〕24 号），进一步规范了乡村财务管理工作。2010 年 2 月 8 日，为规范乡村集体财务管理，强化村集体经济组织会计核算，进一步加强村级会计委托代理服务工作，中共中央纪委、财政部、农业部、民政部等四个部委联合下发《关于进一步加强村级会计委托代理服务工作的指导意见》（财会〔2010〕4 号），以上文件的颁布，逐步确立了会计委托代理模式在乡村财务管理中的地位，加大了普及力度，不仅使党和国家的各项关于社会主义新乡村建设的政策得以高效实施，党群、干群关系也得到了进一步的巩固。

在会计委托代理模式下，政府作为主体，专门成立“会计代理记账服务中心”等单位对村级财务进行代理，该中心一般归属乡（镇）农经站（或财政所）管理。“会计代理记账服务中心”对各村报账员（助理会计）负责收集和整理的原始凭证和会计资料进行复核、结算，并按期编制会计报表及时送交各村。

为贯彻落实党的十七届三中全会提出的“健全乡村集体资金、资产、资源管理制度，做到用制度管权、管事、管人”的精神，促进集体经济发展壮大，促进农民收入增加，促进乡村经济社会又好又快发展，2009 年出台了《关于进一步加强农村集体资金资产资源管理指导的意见》（农经发〔2009〕4 号）。在“会计代理记账服务中心”的基础上，各地纷纷在农经站或乡（镇）财政所下设“三资（资金、资产、资源）管理办公室”。

该办公室设立后，由一名农经站或财政所工作人员担任办公室主任，各村选出一名“三资”管理负责人作为该办公室的工作人员，参与日常事务管理。此项举措，一方面加强了乡（镇）和村委会的联系，另一方面也由乡（镇）村双方共同对会计代理记账服务中心进行监督，有效地保证了乡村“三资”的可持续发展，为完善会计委托代理模式和促进乡村经济提供了有力保障。

会计委托代理制“是我国当前乡村集体资产管理环境下监督管理村级财务比较有效的制度，其最大的创新点就是实行‘委托’，解决了制度的合法性，但它仍是一种过渡性质的制度安排，在正式规则和实施机制上还不够完善”。但是，在实际操作中，有的地方并没有真正意义上受到村集体经济或村委会的自愿委托，而是采取“一刀切”。会计委托代理制本身在权力的博弈中就充分地考虑了被管理对象的意愿，没有强制性，如果受到村民或村委会的恶意阻挠，将会有碍此项制度的推行。其实乡（镇）一级要加大对乡村财务的管理和监督力度是历史进步的必然，是符合我国现阶段的基本国情和民意的。

三、“双代管”模式

乡村财务“双代管”模式是在不改变乡村财产所有权和支配权的前提下，实行村账乡（镇）管、村财乡（镇）管，乡（镇）、村两级分工协调，共同管理的一种乡村财务管理模式。

在以前的乡村财务管理模式（村账村管）中，村级的账目和资金都是由村级自行管理，同时，村级财务人员的任用、管理、考核、薪酬支付等主要是由村集体经济组织或村民委员会进行统一管理，乡（镇）政府辅助指导。在这种管理模式下，可能会导致一系列问题，比如，会计人员选用不合理，业务素质不高等。

实行“双代管”是对会计委托代理制和“村财村管”模式的调整和进一步集权。在这一模式下，由政府作为主体，主要有两种组织模式，一种组织模式是由乡（镇）政府成立“双代管”工作领导小组，乡（镇）一把手或主管财政工作的副乡（镇）长为组长，农经站或财政所一把手为副组长，办公室设在农经站或财政所，具体由农经站或财政所相关工作人员负责对村级财务进行账目和资金的代管，村级组织平时只保留少量备用金维持日常周转。另一种组织模式是直接设立“双代管”服务中心，受纪委、财政等部门监督，选派专职代理会计和专职总出纳对村级财务进行账目和资金进行代管。无论是哪一种组织模式，对于村委会来说，每一项经济收支业务都必须上报至农经站或财政所，经乡镇相关领导审批后，方可入账报销。总体而言，“双代管”模式无论从会计核算方法、账目审批程序，还是会计机构设置、人员配备、会计档案管理等方面，较之以前的管理模式都有了很大的发展。这对缓解乡村财会人员选用不合理、业务素质普遍不高等问题起了很大作用，并使村级财务核算过于分散的问题得到解决，有效地加强了基层政府对乡村财务的监督和管理力度。

实行“双代管”模式，各村都取消了村会计，只保留报账员（助理会计）。较之村财村管、委托代理等模式更加规范。但是，在实行“双代管”模式过程中，也不断突显出新的问题。究其原因，最主要的是被倡导和鼓励的是委托代理模式，并且为委托代理模式的实施提供了大量的制度保障和业务指导。

四、“村级会计委派制”模式

在乡村财务管理中实行会计委派制，主要是通过革新原有的会计人员选用模式，改变传统的管理体制，最大限度地体现会计监督职能。具体的操作模式是将村级财务人员的选拔、任免、管理、考核及培训工作统一集中到县级政府有关部门，并由县级政府统一委派至乡（镇）政府，全面负责各村会计工作，使村级财务人员从基层领导的管理中独立出来，自成体系。通过这一模式的实行强化会计监督，以达到规范乡村财务管理的目的。

（一）会计委派制是“双代管”模式的一种创新性发展

通过对“双代管”模式的实际操作过程进行分析，可以看出，实行“双代管”，也是以政府部门作为主体，成立农经站对村级财务进行账目和资金的代管，这一点为在乡村财务管理中以政府部门为主体实行会计委派制提供了先例和可能。但是，在“双代管”模式下，农经站属于乡（镇）政府的职能部门，接受乡（镇）政府直接管理，工作依附性依然很强。并且实施“双代管”模式，最想解决的是乡村财会人员选用不合理，业务素质普遍不高等问题，但事实上，农经站工作人员的会计专业性、会计职业化特点也并不突出，难以有效地进行会计工作管理。与“双代管”不同的是，会计委派制是委派第三方会计对村级财务进行独立核算，虽然委派会计和乡镇政府之间依然存在着一定关系，但毕竟不是直接的上下级关系，依附性大大减弱，这使会计核算也拥有了独立性，能使会计监督职能得到更好地发挥。同时，会计委派制委派的是专业性极强的职业化会计，这无形中就解决了“双代管”模式中存在的主要问题。由此可见，会计委派制是“双代管”模式的一个创新性发展。

（二）会计委派制是对会计委托代理模式的完善和改进

通过会计委托代理制与会计委派制的比较可以看出，会计委托代理制从法律上说，只是一般的委托行为。实行村级会计委托代理，必须通过村民会议或村民代表会议的明确委托或授权，并签订具体明确的“委托协议”。此时的委托主体是村集体经济组织或受托管理村集体经济组织的村委会。会计委托代理制改变了会计和乡（镇）政府在工作上的直接领导关系，减弱了工作上的依附性。可是，代理会计作为一个完全独立的会计个体，它主要是为委托方，即为村集体经济组织或村委会服务，弱化了部门对村级财务的监督。同时，因为在这种模式下，代理会计并没有给乡（镇）政府提供会计信息作为决策依据的义务，所以，会计的决策职能受到很大影响。会计委派制是一种国家推行的具有强制性的会计人员管理方法。委派会计受国家相关部门委派，并进行直接管理，会计信息不仅满足了委派会计为村集体经济组织或村委会服务的需求，也为政府部门提供了监督途径和决策依据。除此以外，会计委派制保证了委派会计的业务素质和职业道德，为村级财务管理的透明办公提供了条件，能更好地进行财务公开。总体而言，会计委派制通过相对集权的方式，加大了会计信息的使用率，强化了会计的监督职能和决策职能，有效地弥补了会计委托代理制在模式上存在的缺陷，是对会计委托代理制的完善和改进。

（三）会计委派制能有效地解决当前村级财务管理中存在的问题

1. 有效解决基层干部对新会计政策了解不足问题，减少经济犯罪

在村级财务管理中实行会计委派制，委派会计将由县级政府进行统一委派，统一管理，乡（镇）政府基层领导不能私自进行直接指挥。这样不但避免了很多对新的会计政策不了解的基层领导对村级财务管理进行胡乱指挥的问题，而且，专业的会计人员还会为基层领导提供技术支持，加强了乡村财务管理，为乡村经济的健康可持续发展提供了有力保障。同时，这样的操作模式最大限度地减少了人为原因引起的资产流失，保证了广大人民群众的切身利益。

2. 村级会计人员身份和地位发生转变，最大限度地保证了会计的独立性

在现行的村级财务管理制度中，有些会计人员尚未具有一个合理的身份和地位。实行会计委派制，将委派会计的人事任免权、考核和薪酬管理等都从村集体经济组织或村委会中脱离出来，一方面解除了委派会计和基层领导在工作上的依附关系，另一方面从机制上加强了对会计人员的管理和支持，转变了会计人员的身份和地位，最大限度地保证了委派会计的独立性。

3. 改变村级财务人员业务素质不高的现状，充分体现会计的反映与决策职能

会计要实现反映职能和决策职能，前提是拥有真实详细的会计信息，并能通过对会计信息的分析，为各级部门提供参考，帮助其作出正确决策。实行会计委派制，委派的是具有专业素养的职业化会计，极大地改变村级财务人员业务素质普遍不高的现状。委派会计拥有较高的业务素质和职业操守，不仅能够满足会计信息使用者对会计信息真实性的要求，还能通过对会计信息进行分析，为决策者提供科学的智力支持，使会计的决策职能得到充分

体现。

4. 有利于村级财务公开的制度化和规范化

2004年出台的《关于进一步加强农村集体经济组织财务公开和财务管理工作的通知》（农经发〔2004〕8号）要求，各村合作社必须实行财务公开制度，要做到“经常化、制度化、规范化”。但是，由于会计人员业务素质普遍不高，监管不力等原因，很多财务公开流于形式，甚至和村务公开混为一谈，难以起到其应有的作用。实行会计委派制，村级财务公开的内容将可由委派会计依据各地具体情况，并遵照文件要求进行整理后发送到村委会，由村委会相关人员进行及时公开，保证了财务公开的制度化和规范化。

5. 强化会计监督，提高会计信息的质量

众所周知，乡村财务管理中存在众多问题的重要原因之一就是监督力度不够。实行会计委派制后，会计人员“站得起立得住”，没有后顾之忧，敢于对会计信息的真实性、合法性、完整性进行有效监督，强化了会计的监督职能，提高了会计信息的质量。“从各地试点的情况看，无论是行政事业单位还是企业，实行会计委派制后，会计信息的质量都有较大的提高。”

第二节　现行乡村财务管理模式存在问题的原因

为了能够有效改善乡村财务管理的现状，我们必须追根溯源，深入剖析现象背后的真相，找到引发乡村财务管理混乱的成因，方能对症下药，药到病除。通过走访调查，并结合他人的研究成果及深入思考，笔者认为，造成这种混乱局面的原因是多方面的，其中有器物层面上的不足，也有精神层面上的缺失，当然，财务管理模式本身也存在着尚需完善的地方。

一、器物层面的原因

（一）外部环境复杂

首先，我国区域经济发展的不均衡性不仅表现在东中西部的差异，也表现在城乡经济发展水平上。其次，各地在地方政策执行上也存在着一定的不同。再次，我国是一个多民族的国家，各民族“大杂居，小聚居”，并且大多是聚居在乡村，对待少数民族，我们有相对优惠的政策来保证这种人人平等的权利。最后，我国现阶段的社会是向全面法治化过程转变的关键时期，一些规章制度尚不完善。以上种种，共同构成了乡村财务管理复杂的外部环境。如此复杂的环境，如果只用某一种模式是不合理的，也是不现实的。

（二）未能提供财务管理所需的软硬件设施

基本的办公用品是乡村财务管理中保证会计信息质量的物资保障。但是，有的地区尚无完备的软硬件设施支持财务工作，个别地区甚至连记账凭证和账簿都未普及。在这样的物质条件下，会计做账的规范性、会计信息的准确性、会计档案的保存等都受到了很大的挑战，财务管理工作难以开展好。很多数据都来源于基层，并且直接来源于村一级，如果村会计难以提供高质量的数据，那么上级单位所统计的就必然只是主观真实和相对真实的数据，这是导致会计信息失真的一个客观原因。

（三）会计从业人员责任重，待遇低

在乡村流传着这样一句话，村长、支书是“领头羊”，乡村会计是“红管家”。这句话既说明了村会计是“上头千根线，下面一根针”的具体操作人，也突出了乡村财务会计人员的重要性。然而有的地区村会计的担子重，任务多，却并未享受相应的待遇，在一定程度上影响了村会计的工作积极性。

（四）乡村会计专业素养不够

会计学是一门应用型学科，没有经过专业的学习和训练是很难胜任相关工作的。乡村财务管理人员中，接受过会计学及相关专业的正规高等教育或是中等职业教育，拥有学历和学位的人屈指可数，大多是在财务会计的工作岗位上接受短暂的培训，更有甚者是在实践中摸索。新乡村建设背景下，乡村的经济环境和会计制度已经发生了很大变革，单靠简单的培训和自我摸索很难再适应这样的局势，甚至会阻碍经济发展，为社会造成很大的危害。也正是因为会计学理论和实务的专业素养不够，才会出现一些不规范行为。如果会计职业化能够真正落到实处，重新聘用“双证”齐备，且真正具有财务会计必备的专业知识的乡村财务会计人员，通过全面提高乡村会计的专业素养，一定能够为乡村财务管理工作更优质地开展提供有力保障。

二、观念层面的原因

（一）村干部不能从以往的管理模式中走出来

中华人民共和国建立以来，由于各种原因，大多数乡村实行的一直是村民自治管理模式，在这种管理模式下，在乡村形成一种高度全面自治的思想，村民大多是自我管理、自我教育、自我服务。但是，我们应该理性而客观地分析这种自治是不是乡村，特别是村委会所理解的那种高度全面的自治。所有公民都有服从国家管理的义务，村民当然也不例外，如果村民实施的是其误以为的那种全面高度的自治，就是不符合情理，不符合宪法精神的。村民所拥有的自治，是一种法律允许范围内的自治，而非全面高度自治。自治的内容将随着时代的发展，社会的进步，经济的繁荣而有所调整。村干部必须紧跟时代步伐，认清形势，把握大局，全心全意为人民服务，当好基层干部。以往的管理模式在新的形势下已经不能适应社会的发展，甚至阻碍了人类的进步，我们必须从那种固有思维中走出来，在科学发展观指引下，实事求是，为广大农民的新生活努力奋斗。

（二）管理水平低下

当今社会是一个转折的关键时期，旧的模式被打乱，新的模式还没有完全建立，很多地方的基层领导都在实践中不断摸索和总结经验。但是，由于主客观原因的限制，无法做到步调一致，也不可能做到步调一致，所以，如果不尽快建立真正能够为社会主义新乡村建设全面服务的乡村财务管理模式，将有很大可能会加剧这种混乱。或许，如果我们有一批知识结构合理，思维发散而创新，办事既能顾全大局又能深入探索的乡村领导，乡村基层组织建设的成功就获得了有力的人才保障。从管理学的角度来说，管理者至少应该关注以下七点：执行、维护、控制和结果、短期视角、询问“怎么做”和“何时做”、接受现状、正确地做事。由此可见，村委会作为政府与村民之间的直接联系人，如果其管理水平低下，将会对政府管理工作造成不利影响。

（三）村民民主意识不强

2010年颁布实施的《中华人民共和国村民委员会组织法》进一步明确了我国村民会议和村民代表会议的重要地位。以下事项，必须经村民会议讨论决定方可办理：①本村享受误工补贴的人员及补贴标准；②从村集体经济所得收益的使用；③本村公益事业的兴办和筹资筹劳方案及建设承包方案；④土地承包经营方案；⑤村集体经济项目的立项、承包方案；⑥宅基地的使用方案；⑦征地补偿费的使用、分配方案；⑧以借贷、租赁或者其他方式处分村集体财产；⑨村民会议认为应当由村民会议讨论决定的涉及村民利益的其他事项。同时，若人数较多或者居住分散的村，可以设立村民代表会议，讨论决定村民会议授权的事项。但是，在实施过程中，村民的民主意识并不强烈。

三、制度层面的原因

随着新乡村建设的不断深入，乡村财务的重要性愈发凸显，财务管理模式也在逐渐完善，这在客观上使得乡镇一级的监督权和管理权得到进一步增强，但是，由于少数地方政府的行政缺位，使得监督不力，管理不善，导致新的模式丧失了原本应有的先进性。一些忽视监督和管理作用的行为，不同程度造成了乡镇一级对乡村财务管理的监督和管理失去作用，影响了乡村财务管理模式的有效实行，直接影响新乡村建设的顺利开展。

第三节　我国乡村财务管理模式的现实选择及保障措施

乡村财务管理虽然根源于会计学，但因其与“三农”问题息息相关，所以，又具有其特殊性，这种特殊性要求财务人员不仅要遵循统一的财务管理制度，还要时时考虑当地的实际情况。笔者认为，乡村财务管理中存在种种问题，是多种因素的共同作用导致的，如上节所述，其原因有器物层面、观念层面，也有制度层面的。乡村财务管理是一项系统工程，要提高乡村财务管理工作的效率，就必须标本兼治，进行综合治理。据此，本节提出以下几点粗浅的建议，希望能切实解决乡村财务管理中存在的一些问题，促进乡村经济更加健康稳定地发展。

一、我国乡村财务管理模式的现实选择

我国乡村财务管理模式的现实选择，不能完全建立在学术思考上，也不能不考虑理论的发展，必须理论联系实践，将其置于新乡村建设的大背景

下，置于我国乡村经济发展的现实背景下，这样才能真正地保障新乡村建设这一宏伟工程的顺利实施。

（一）完善会计委托代理模式，更好地服务我国广大乡村

实践表明，会计委托代理模式的深入实施，改变了乡村财务人员的任用模式，极大地加强了乡（镇）一级对村级财务的管理权和监督权，对大部分地区乡村财务管理的改善起到了不可忽视的促进作用。但是，会计委托代理模式本身存在一些缺陷，从制度上说，该模式的两个主要的直接监督机构在实践中都难以真正有效地实施监督，乡（镇）一级的监督，没有明确专门的机构来进行监督审查，也就容易导致监督缺位。而“三资”管理办公室的监督也是不合理的，“三资”管理办公室的主要构成人员是农经站（或财政所）和各村村民代表，领导由农经站（或财政所）的领导兼任，而其本身也是“会计代理记账服务中心”的管理人员，这一特殊的身份易使监督成为一纸空文。为此，应该重新审视和完善会计委托代理模式，使其更好地服务乡村经济的发展，服务新乡村建设。

在此，我们肯定了会计委托代理模式为我国乡村经济发展所做的贡献，但是，我们也应该明确地看到我国乡村经济发展的不均衡性决定了单一的财务管理模式的局限性。该模式与我国乡村经济的平均发展水平相适应，不过，对经济发展相对较差和相对较好的两种特殊地区所产生的负面影响也是极其巨大的。为此，笔者建议，政府应该搭建一个“以会计委托代理模式为主体，多种模式综合应用”的政策平台，并从国家层面为这一政策的实施提供指导和规范，使各地可根据自身经济现状选择适合自己的模式。

（二）适当增加村财村管模式的使用范围

村财村管模式具有一定的优越性，一方面是有效地加强了乡（镇）一级对乡村财务的管理权和监督权，另一方面也减少了相关的行政成本，对解决我国现阶段“财权上移，事权下移”所带来的一些问题具有良好的效果。对于一些经济业务、资金往来数量和频率相对较低的地区，适当的分权管理反而能够提高当地基层领导工作的积极性，能够促进乡村经济的发展，保障新乡村建设的顺利实施。当然，笔者并不是肯定村财村管模式较会计委托代理模式更加优越，而是认为两者相比，村财村管模式更适合经济发展较为落后的地区。我国乡村经济的不均衡性发展使得一定数量的地区依然积贫积弱，而国家政策往往更多考虑的是平均状况，忽略了少数地区，这一建议的提出，弥补了国家政策的一定不足，同时使新乡村建设的管理成本有所下降，使得纳税人的钱真正花在刀刃上，为国家财政支出更加合理提供了参考。

（三）在经济发达的乡村地区试行“会计委派制”模式

会计委派制是改革开放和市场经济发展到一定阶段的产物，是对原有的会计管理制度的革新和完善。如果在经济繁荣程度较高的地区对乡村财务管理实行会计委派制度，各村不再设置会计岗位，仅由报账员（助理会计）定期到指定的会计委派单位进行核算，那些不规范的财务行为将大大减少，极大地保障了农民的利益。同时，在现行的法律法规中，也能够为在乡村财务管理工作中实施会计委派制找到法律依据。笔者认为，在乡村实行会计委派制，既是当前经济发展水平较高的乡村的最佳选择，也是未来乡村财务管理的一个发展趋势，不仅可以规范会计核算工作，提高财务管理质量，而且可以保证会计工作的独立性。

二、科学实施乡村财务管理模式的保障措施

新乡村建设是一项系统工程，如果寄希望于仅仅改革和完善乡村财务管

理模式就能起到立竿见影的效果，那是不可能的。因为任何一种模式的运行都必须植根于外部大环境，这要求我们还需要建立其他制度与之相结合，全方位、立体化、多层次地发挥其作用，才能完全真正保障新乡村建设的顺利实施。

（一）基于器物层面的思考

1. 切实提高乡村财务人员的薪资福利

社会主义新乡村建设，是一项全面提升乡村生活水平和幸福感的民生工程，也是巩固我国农业基础地位的有力保障。实施过程中，需要大量乡村财务管理人员的投工投劳。一方面，乡村财务管理人员必须投入大量的时间来进行相关知识的学习和培训，在取得相关资格证书后方能上岗；另一方面，目前我国正处于新乡村建设的关键时刻，大量现金流的出现使得乡村财务管理人员责任更加重大，工作量也不断增加。再者，具有相关资格证书的财务人员选择在乡村工作的机会成本过大，他们用知识、用青春，甚至用热血为我国经济发展提供了有力保障，换句话说，如果他们放弃乡村财务人员的工作，进入其他部门或是企业，可能收入待遇比在乡村工作好很多。基于此，无论出于何种考量，我们都没有理由让他们付出更多，相反，在经济条件和政策允许的前提下，应该合理提高他们的薪资福利，让他们更加安心地为社会主义新乡村建设贡献力量。

2. 努力改善乡村财务人员的办公环境

乡村财务人员的办公环境在前文中已有谈及，我们不再赘述。虽然，很少有地区出台明确的关于乡村财务人员办公环境的硬性要求，但是，基于会计在经济发展过程中所起的重要作用，我们必须重视其办公环境，以保障会计职能的充分发挥。在力所能及的前提下改善乡村财务人员的办公环境，至少保证有手工做账所要求的一些设备和会计资料保存的必要物资，这样才能保证会计职能的真正发挥。

（二）基于观念层面的思考

1. 全面提高基层领导者的管理水平

会计人员不受重视，很大程度上是因为有的基层领导者难以体会到会计对经济的促进作用，难以衡量会计对经济发展带来的效益，甚至错误地认为会计就是一个体力活，谁都可以做，谁都能做好。如果能加强对本村能人的进一步培训和教育，那么，他们就能长久地为新乡村建设做好服务和贡献，且成本较低。具体做法是可专门选派乡村有志青年脱产到大学专门学习有关知识，而后定向回到家乡服务，培养成为基层领导者。与此同时，号召广大青年大学生到村里面予以辅助，各自发挥才干。这样才能保持基层领导者的观念紧跟时代步伐。

2. 努力提高基层工作者的业务素质

基层工作者包括基层领导干部、农经干部及乡村财会人员。提高基层工作人员的业务素质，是贯彻和落实乡村财务管理制度的组织保障，也是有效进行乡村财务管理工作的前提。而农经干部和乡村财会人员是乡村财务工作的具体操作者，其素质的高低决定着村级财务管理的质量。针对当前部分农经干部和财会人员素质不高的现状，笔者认为有三条途径可以有效解决。

第一，要彻底瓦解乡村财会人员与村干部甚至是乡镇干部的依附关系，对确实不适合在岗位上工作的人员进行清退，以整顿会计队伍，促进整体素质的提高。

第二，对思想端正、品德优秀的乡村财会人员进行业务培训，对经过严格考核通过的人员颁发相关证书，安排岗位，并保证其应得的劳动报酬，解决生活和工作上的后顾之忧，使其安心工作。

第三，农经干部是国家公务人员，在对其进行业务培训的同时，必须加强职业道德和法律法规的教育，对确已违反国家法律规定的农经干部决不姑息，一查到底。

（三）基于制度层面的思考

1. 建立健全乡村财务管理制度

乡村财务管理直接与农民群众利益相关联，是发展乡村经济和保持乡村社会稳定的重要手段和有力保障。建立健全乡村财务管理制度，能有效地改善目前的混乱局面。要建立一套完善的管理制度，不仅需要对现存的一些制度进行具体量化、解释说明，甚至革新外，还需各地根据当地乡村经济现实的发展状况建立一套有针对性的财务管理制度。这是因为，现行的很多宏观性制度因不能考虑到各地乡村经济环境的特殊性，所以比较笼统，在实际操作过程中，各地的经济情况不一样，这就要求各地根据实际情况，制定一些切实可行的细则来进行补充和完善，使财会人员在具体操作时减少随意性。比如，村干部的交通补贴、通信补贴等都应根据实际情况进行规定。笔者认为，各地应该根据自己的实际情况，在国家颁布的宏观性制度下，制定一系列规章制度使财务制度在实行过程中更加规范化和具体化。同时，还应规定相应的处罚条例，对违反相关规定的人员予以严厉惩罚。

2. 严格执行财务公开制度

严格执行财务公开制度，是农民群众对乡村财务进行有效监督的最直接方式，其重要性不言而喻。财务公开最关键的两个问题是内容和时间。从内容上说，财务公开的内容必须真实、完整，并且通俗易懂。在具体操作中，不仅要对收支预算、经营过程中的财务事项以及事后的收支决算进行公开，而且对群众要求公开的其他财务事项也要进行公开，并做到数字准确，文字翔实。除此以外，在公示过程中，可以不使用过于专业的术语，或者在专业术语后面用括号为其进行解释，保证农民群众看得懂。从时间上来说，公开一定要求及时性。根据实际情况，可以定期和不定期对财务进行公开，但一定保证年初年末以及季度性公开。在公开地点上，除了传统的在群众聚集以及主要交通路口等地方设置固定公开栏外，还可以通过纸质的“一览表”对重大事项进行到户公开，或召开村民大会进行财务通报。对农民群众提出的质疑或举报，农经部门要认真登记并负责核查，对确实财务不公开，或公开不完全的，甚至虚假公开的，乡镇领导应依据有关规定进行严肃处理。

3. 实行会计电算化

随着信息技术的发展，计算机被运用于越来越多的领域，会计电算化也应运而生。这是一种以计算机为工具，由财务人员、计算机和会计软件组成的新的会计系统，会计软件规定了信息系统本身的运行规则，普通的使用者难以进行更改。对乡村财务管理实行电算化管理是提高财会核算质量与管理水平，规范乡村财务管理的有效办法。各级领导部门应该充分认识到推行乡村财务管理电算化的优越性和重要性，在对村级财会人员进行业务培训时应加大这方面的培训力度。同时，鉴于现在乡村计算机网络还不普及的现状，应加大硬件和软件的投入，为各村购置相应的设备，保证电算化的正常实施。各地区和部门都应该建立一套操作简单、功能适中的会计信息系统，实现记账、核算、结算以及财务报表分析等一系列工作的无纸化作业。在乡村实行会计电算化，可以促进乡村财务管理的规范化和现代化。不仅有效解决了乡村财会人员会计核算和分析能力较弱的问题，还提高了财务管理的工作效率，保证了会计信息的质量，而且可以通过会计电算化实行财务网上公开，为各种利益相关者提供信息查询，进一步拓展监督途径。

4. 在村级财务管理中实行审计委托制度

关于村级财务管理的审计，一直以来都是一个比较困难的问题，可以在村级财务管理中建立一种新的审计模式——审计委托制。在审计委托制度下，各村的财务将由上级部门牵头，联系专业的会计师事务所进行定期或不定期审计，这样既能保证审计部门的独立性，还能保证审计结果的正确性。在审计内容上，重点审计财务事项的往来账，看是否存在资金被挥霍浪费等违法乱纪行为，特别强调的是，村干部和财会人员离任前一定要接受离任审计，审计通过方可离职，对审计未通过人员，查明原因，进行处理。建立审计委托制并不需要撤销村民理财小组和农经部门的审计。对乡村财务管理的审计监督应该是多层次、立体化的。在村级，需要加强民主理财小组的建立，由村民选举一些具有一定会计知识，并且品德优良、敢于坚持原则的群众组成，对村级财务进行初步监督。上级管理部门也需定期与不定期进行审计，加强部门间的横向联系，特别是加强法院、纪检、监察等相关部门的联系，共同打击乡村经济犯罪。最后，接受委托的会计师事务所还需进行独立审计，这道审计关不仅仅审计乡村财务管理的业务，还将对农经部门一并审计。一经发现问题，立即交由相关部门处理。

第八章　乡村振兴背景下的乡村财务管理信息化趋势

第一节　乡村财务管理信息化概述

一、乡村财务管理信息化理论内涵

乡村财务管理信息化建设是建设社会主义新乡村的重要保障。它直接关系到基层政府的农业经济管理水平，关系到农民的切身利益。努力提升乡村财务管理信息化水平不仅是乡村经济持续增长的保证，也是维护乡村和谐稳定的基石。

（一）乡村财务管理的内涵

乡村财务管理是乡村社会发展进程中的一项重要工作，其开展的好与坏直接影响乡村集体经济组织的发展。乡村财务管理的良性化是我国现阶段新乡村建设、实现乡村地区跨越式发展的关键因素。目前，理论界对乡村财务管理的内涵界定进行了积极探讨。例如，基于乡村财务管理对象分析，崔国平（2008）、冯健华（2009）等认为乡村财务管理是对乡村集体经济活动过程中涉及的资金、财务事项等的记录、核算、反映、分析以及对财务活动的管理。学者王军辉（2005）认为乡村财务管理是对直接归农民集体所有、支配、管理的各种资产所发生的一切收入及其使用、分配等财务活动的核算、计划、监督与控制；而李彤（2009）等认为乡村财务管理是对直接归农民及集体经济组织所有、支配、管理的各种资产所发生的一切收入及其使用与分配等财务活动的计划、监督与控制。基于财务管理目标而言，有学者（赵建仓，许金也，2000）认为乡村财务管理是一个涉及乡村方方面面的综合系统，财务管理目标具有稳定性、多元性、层次性的特点，它包括总体目标、分部目标、具有目标等不同层次的目标。也有学者（胡曲应，许家林，2010）认为，乡村财务管理是涉及基本目标和高层次目标的管理，提出基本目标主要是从纯财务角度考虑，以确保乡村财务正常运行，而高层次目标主要是从乡村社会稳定、农业实现增效、农民收入增长等方面考虑，从规范财务来促进乡村、农业、农民问题的解决。从基于财务管理内容角度，李瑞芬（2008）提出，乡村财务管理包括乡村财务管理制度、财务管理模式、财务公开、内部会计控制、财务信息化、财务监督等内容。而宋先钧（2005）则认为，乡村财务管理是乡村资金筹集管理、投资管理、固定资产管理、流动资产与无形资产管理、收入、费用和收益管理、乡村财务资产清查与评估、财务公开与民主理财以及乡村会计核算等一系列管理。

综上所述，本文将乡村财务管理定义为对由农民或乡村集体组织直接占有、支配或者管理的各种资产所发生财务活动进行核算、审计、监督等一系列管理过程。其基本任务是：贯彻和执行各级政府的财经政策与惠农措施；管好用好村集体资金，实现集体资产保值增值；积极筹集资金，增加生产经营投入，促进乡村经济发展；搞好财务核算工作、改善经营管理，不断降低费用水平，提高经济效益。

（二）乡村财务管理信息化的内涵

当前，我国乡村财务管理正处于科技信息化大发展时期，由于我国乡村各区的光纤、广电以及通信网络逐渐得到了推广和普及，乡村信息基础设施建设日趋完善，随着乡村信息化水平的大幅提高，我国乡村财务管理信息化的建设也卓有成效。

所谓乡村财务管理信息化，是在乡村财务领域充分利用互联网等现代信息技术进行乡村财务核算，帮助村集体经济组织管好用好集体财产，帮助政府行使好社会职能，处理好各个乡村组织的关系。具体而言，就是通过运用现代网络信息技术，实现乡村财务由手工化记账、算账和报账向电算化方式转变；进一步就是要在预算控制、资金筹集、资本营运、财务监控等各个环节实现信息化网络管理，进而实现乡村财务信息资源的整合与共享，确保各级政府和广大群众能够及时获取相关财务信息。乡村财务管理信息化是制度化、规范化、公开化持续稳定的管理过程，它是乡村信息化建设的关键和保障。实施乡村财务管理信息化有利于摆脱各种人为因素的影响，有效堵塞各种管理漏洞，避免乱收滥支现象的发生，使乡村各级财务更具时效性和透明度，从而进一步推动乡村地区和广大农民的民主理财和民主监督。

乡村财务管理信息化的服务建设仍然任重而道远。首先，在基础设施建设方面，乡村信息服务基础设施的薄弱是导致乡村财务管理信息化水平难以提升的最直接原因。当前，我国乡村信息基础设施建设的总体投入不足，特别是基层部门的投入比例失衡，造成乡村财务信息管理基础设施建设中所需人力、物力以及大量资金无法满足当前的服务发展。其次，就人才队伍建设而言，目前从事基层财务管理的人员无论是数量还是质量都难以满足乡村财务管理信息化的要求。现有的信息管理和技术人才数量不足、素质参差不齐，尤其基层信息服务人员整体文化素质的普遍偏低造成了城乡之间的“数字鸿沟”，严重阻碍了我国乡村财务管理信息化进程。最后，就信息服务内容而言，乡村财务信息共享性不高、财务信息传输渠道不畅、财务信息更替速度慢、乡村财务信息公开面过窄、乡村财务信息管理手段落后等问题也决定了我国乡村财务信息管理要在缓慢的探索过程中发展。因此，加强乡村财务管理信息化水平具有重要的现实意义。

二、乡村财务管理信息化的重要意义

（一）有利于规范乡村财务管理，提高基层财务工作效率

过去，乡村财务管理不仅工作复杂繁重，而且个别村长期忽视财务管理工作，存在诸多问题，健全各项规章制度后，村集体真正做到了“账目清、现金有、实物在、债务全”。通过实行信息化管理，健全各项规章制度，既可以减轻财务管理工作量，也可以更好地规范财务管理工作问题，真正实现传统化管理向科学化管理方式转变。首先，规范了财务核算。通过乡村财务信息系统可以对各类会计明细科目以及财务总账设定统一的科目代码，并结合相关会计法规制度编定合理的操作程序，这样可以有效解决由于手工核算产生的不统一、不规范的问题。其次，规范了工作程序。采用乡村财务信息系统，对每项业务工作设置相应的办事流程及操作权限，使财会工作人员必须按照事先设定好的操作流程来完成相关工作，避免了各种人为因素所导致的错误和问题。再次，规范了管理行为。实行财务管理信息化后，村委会各项经济管理事务都要通过网络完成，而网络系统又对各类人员的职能设置了相应的管理权限，使财务管理人员必须各司其职、各负其责，相互监督、相互牵制，从而有效地防止了不规范管理行为的发生。最后，提高了工作效率。实行乡村财务管理信息化后，改变了过去那种复杂而又烦琐的手工记账

方式，乡村财会人员只需将每月发生的经济业务原始凭证输入计算机，其余工作全部由计算机自动处理完成，大大缩短了财务管理的操作时间，也避免了手工操作产生的误差，提高了财务工作效率。

（二）有利于促进乡村财务公开，维护广大农民切身利益

所谓乡村财务公开，就是把村委会的职责、义务公布于众，把乡村财政处理政策交给群众，把财务处理程序、处理结果告诉群众，让群众参与讨论决定村中的集体资产和财政收支。财务公开有利于提升基层民主管理和民主监督水平，切实维护广大农民群众的根本利益。而实行财务管理信息化后，电脑网络就可以根据每月输入的收支凭证，自动编成财务信息榜，并对其定点定时公开，使广大农民群众能够通过电脑或者其他电子仪器及时了解本村财务的收支情况，从而提高了财务工作透明度，避免由于财务公开不规范、不及时、不详细或者不真实等现象的发生，保障了惠农政策更好地得以落实，从行动上、措施上、制度上切实维护了广大农民群众的切身利益，大大提高了财务公开质量和效果。

（三）有利于提高村财管理水平，助推乡村社会经济发展

当前，社会主义新乡村建设主要目标之一就是实现乡村经济发展。要实现这一目标，就要对整个农经系统管理进行信息化改造，即借助现代信息技术对乡村集体财务、乡村集体资产、承包合同乃至整个乡村社会经济进行管理，使农经管理工作走上规范化和信息化的管理轨道。而乡村财务管理信息化作为乡村经济管理工作的基点，一方面有助于乡村信息化管理水平建设。实施信息化管理后，大部分的财务管理工作得以从传统的手工记账管理中解放出来，乡村财务人员只需将相应的经济业务通过计算机网络记录下来，生成业务报表，并通过电脑完成相关会计业务的工作，极大减轻了会计工作人员的负担，从而能够有更多的时间精力投入其他财务工作中，也为各级政府及时掌握乡村经济信息，制定管理决策提供科学依据。另一方面对于乡村经济的快速健康发展发挥着保驾护航的作用。乡村集体经济需要发展，开发乡村各种经济资源，迫切需要财务管理信息化。其根源在于它可以有效规范乡村经济秩序，形成一套完整的乡村经济建设体系。通过加强财务管理信息化，正确处理好村委会和农户的经济利益关系，以充分调动他们的生产积极性。通过财务管理信息化，积极帮助和指导他们管好集体资金、搞好生产经营，积极拓宽生产资金的来源渠道，有效地利用乡村现有经济资源，增加各项生产经营和管理服务收入，降低各项费用开支水平昭，从而为乡村社会发展和收入水平的提高，农民生活水平和生活质量的改善，积极推进实乡村经济可持续发展奠定基础。

（四）有利于形成团结氛围，促进乡村社会和谐稳定

实现信息化管理后，乡村财务都由电脑来完成，不仅可以从根本上杜绝财会人员的不规范操作，有效制止某些村干部不按政策规定乱支、乱花等违法违纪行为。推动了基层党风廉政建设，防止村干部人员贪污受贿和徇私舞弊的现象发生，保证了基层群众的民主权利。公正、民主、规范的村级财务管理，也可以有效避免产生虚假信息，满足广大农民群众的知情权。群众通过电脑第一时间掌握乡村财务信息，消除心中疑虑，增加了对村干部的信任感，促进人民群众与基层干部的有效沟通，真正起到了“让群众明白，还干部清白”的作用，从而形成团结氛围。另外，实现乡村财务管理信息化在架起党群干群连心桥梁的同时，在维系乡村社会稳定方面也会起到很好的作用。现在财务发生时就输入电脑，一次性全部入账，计算机按照既定程序自动控制管理，避免了人为干扰因素。同时，信息化管理有效制止了乡村不合理支出和非生产性支出等问题，极大地化解了村级不良债务，减轻了村集体和农民的负担，从而保障了乡村社会的和谐稳定。

第二节　乡村财务管理信息化发展现状分析

一、乡村财务管理信息化的发展成效

我国高度重视农业乡村信息化的建设，相关部门也陆续下发相关规划和文件，对基层信息化目标、方向以及任务都提出了详细而具体的要求，以推进农业乡村信息化的快速发展。在农业乡村信息化大发展的带动下，我国的乡村财务管理信息化事业也进入蓬勃发展期。财政部从 1995 年陆续下发了若干关于促进财务信息化发展和规范财务信息化工作的文件。其中《关于大力发展我国财务信息化事业的意见》明确了我国财务信息化事业的总体目标。经过长期发展，我国乡村财务管理信息化的硬件设施和相关软件建设取得了一定成效。

（一）在硬件设施建设方面

据统计，到 2010 年全国 96% 的村实行了财务公开，其中比较规范的村达到了 60% 以上，有 30 多万个村实行了村会计委托代理，财务管理信息化工作快速推进，已经有 9457 个乡镇实现了财务管理电算化，涉及 17 万个村，效果良好。

（二）在软件体系建设方面

当前，许多软件服务公司正积极开发推出各种简捷易学的财务软件管理系统，其中最主要的是“集中管理”软件系统。这种模式基于 B/S 结构，即 Browsed Server 结构，在该软件系统结构下，所有的客户端只是浏览器，不需

要再安装机房和数据库，用户界面完全通过浏览器实现，一部分事务逻辑在前端实现。例如，部分乡镇使用的基于新型 B/S 架构的乡村级 SaaS 财务信息系统，该系统使得乡村财务工作人员能够根据乡村自身需求便捷地增减相关财务功能，从而满足乡村财务工作的个性化需求；与此同时，SaaS 系统还提供了在线和离线两种工作模式，克服了相关人员在财务管理过程中空间和地点的限制，有效地促进了乡村财务管理的信息化水平。

二、乡村财务管理信息化发展存在的不足

（一）在管理理念方面

首先，基层政府电子政务服务意识和能力欠缺。随着电子信息技术的不断发展，电子政务开始迅速进入政府管理领域并发挥着重要作用。它不仅可以改变传统政务模式的流程和媒介，提升工作效率，而且便于公众对政府工作的了解和监督，有助于提高服务质量。当然，电子政务开展成效好坏还在于各级政府能否有意愿并有能力去执行。然而，在乡村电子政务服务中，精通计算机和网络技术的基层工作人员极其匮乏，信息化管理意识和能力乏弱。例如，一些基层政府在对待电子政务问题时，往往是重形式轻内容、重技术轻管理、重硬件轻软件。有些基层领导和工作人员个人文化素质很低，缺乏基本的电脑知识，难以胜任乡村电子政务的建设大任。因此，对于电子政务中处于核心地位的财务管理信息化而言，唯有不断提升基层政府电子政务服务能力，才能使乡村财务管理信息化实现跨越式发展。

其次，乡村对财务信息管理系统认识还不到位。当前，一些乡镇特别是乡村地区的思维观念还未充分认识到电算化的意义及重要性。很多地方认为财务管理信息化只是代替手工操作，并没有从根本上认识到财务管理信息化对乡村发展建设的重要性，使现有乡村会计提供的信息不能及时、有效地反

馈给各级政府，在一定程度上制约了其制定和实施科学的惠农决策。一些乡村地区在软件更新及硬件投入等方面支持力度不够，更不用说建立区域财务信息网络系统，没能利用信息技术优势来推动乡村经济社会的发展。即使是经济条件比较好的乡村地区，以为把计算机买回来往财务室一放就是财务管理信息化了，这不仅是资产的浪费，更是对财务管理信息化工作的误解。因此，乡村地区对财务管理信息化工作的系统性认识有偏差，妨碍了财务管理信息化的有效实施。

最后，领导对乡村财务管理信息化重视程度不够。由于缺乏统一的规划指导，很多基层村级单位对农业乡村信息化的认识还主要停留在生产资料信息化、农业教育信息化、农林技术信息化等方面，缺乏对财务管理信息化的重视。因此，也就使得一些领导干部对乡村会计电算化缺乏足够的认识，以为其目的只是代替手工核算，对于促进乡村的管理和决策方面并不在意。此外，近年来关于加强乡村财务管理和信息化发展的政策文件、规定条例、规章制度相当多，也很明了，但部分领导和村干部对财务管理信息化工作仍未引起足够的重视，导致各项工作执行力度不够。绝大多数村虽然制定了相关财务管理信息的规章制度，但这些仅是写在纸上、贴在墙上、谈在嘴上的形式主义空文，基本没有落到实处，在一定程度上不利于乡村信息化的发展。

（二）在管理平台方面

首先，财务管理设施建设相对滞后。虽然乡村信息化得到了极大发展，但乡村的计算机和网络普及率水平仍然落后于城镇水平。受制于经济发展水平滞后、自然地理条件限制等因素，仍有相当部分乡村地区互联网接入迟缓、硬件设备落后，导致一些乡村地区财务管理信息化程度始终停留在初级水平。与此同时，很多乡村在实施会计电算化的过程中由于资金缺乏，无法购买相应的会计处理软件以及相关硬件设备，严重限制了乡村财务管理信息化的实施。

其次，财务管理软件发展不够成熟。当前涉及乡村领域的财务软件开发不足，缺乏实用性。而且市场上许多软件开发公司大都集中在企业版财务软件开发上，乡村财务软件只是在企业版软件基础上略加修改而成，使一些操作流程不够合理，难以适应乡村财务的工作需要。以会计科目为例，在乡村企业中，企业拥有的资产往往不是常见的厂房、机器设备等，而是土地、山林、水库、池塘等资源。还有的软件报表管理功能不完善，只提供了收支明细表、收益分配表、科目余额表、资产负债表等几种表格，软件缺少自建报表功能。同时，一些软件报表模块的格式设置和公式设置功能受到限制，用户无法自行修改报表。另外对乡村核算的一些特殊要求，如对财务报表进行分片科目的汇总分析等，财务软件还缺乏相应的功能。这些都在一定程度上限制了乡村财务管理信息化的发展水平。

最后，信息系统安全机制有待健全。一方面，乡村财务信息系统尚未建立合理的内控制度，以避免受到人为损害、计算机病毒或硬件失灵等问题的影响。例如，个别乡镇地区存在一人多岗的问题。财务主管兼任系统维护、会计审核等工作。这不仅反映出乡村财会工作人员的缺乏，也反映了对于内控制度的重视不够，系统安全成为乡村财务管理信息化以后最令人担心的问题。另一方面，由于乡村自然地域差异问题，农民居住都较为分散，导致相关财务软件公司在交通、通信以及人员派遣等方面付出较大的成本，因此几乎没有哪家软件公司愿意花费过多的精力到乡村进行财务软件的推销与服务，这就不可避免地存在着软件系统维护差、软件操作培训不足和售后服务跟不上等问题，导致财务系统安全性的外部障碍。

（三）在管理主体方面

首先，财务人员的专业素质亟待提高。乡村财会人员学历普遍偏低、年龄偏大、会计专业知识不健全，现有的乡村财会人员大都难以适应运用计算机进行财务工作，极大影响了乡村财务管理信息化的有效发展。同时，乡村财会人员聘用不规范，财务管理队伍不稳定。在会计人员选用方面，往往是根据村领导的主观意愿选用，即便无资格证也可上岗；再加上基层财务人员更换频繁，基本上是一任干部一任会计，这些都使乡村会计人员综合素质普遍较低，缺乏基本的专业知识，进而导致其处理财会工作始终处于低水平状态，甚至对于一些基本的电脑问题尚不能很好地解决。此外，大部分基层财会人员也缺乏必要的职业道德素养，违法违纪现象严重。

其次，财会专业人才的数量严重不足。财务管理信息化过程中人的因素是第一要素，乡村财务管理信息化的推广和实施需要大量的专业会计信息人才，然而，在当前的乡村财务管理信息化建设中遇到人才匮乏的尴尬局面，特别是一些中高层会计电算化人才尤为缺乏，这都不利于乡村财务管理信息化整体水平的提高。随着原有的财务人员年龄老化，年轻人基本出去务工，难以确定合适财务人选，致使经济业务不实、账表不符现象出现。

最后，财务信息管理培训流于形式。例如，在培训内容上，对学员只进行计算机操作方法的考核，没有把常用财务管理信息化软件的基本内容、主要功能及所必须掌握的基本要件作为考核的必要知识点。许多经过培训的人员仍然没有掌握会计电算化基本原理，一些培训人员即使通过了考试，也无法独立地使用财务软件进行日常的业务操作，这种缺乏财务管理信息化理论和实践应用相结合的培训是很难达到预期效果的。在培训时间上，未能及时对财会人员进行业务更新培训。即使有培训往往也只是按照上级的指示或在接受上级的检查时才进行象征性的理论培训，而对于实务操作的后续培训则少之又少。虽然，一些地区为财会人员提供了大量的财务管理信息化教材，但所用教材大都是很多年前一次购进的，而且所介绍的知识陈旧，实用性不强，难以跟进现代财务信息技术发展的步伐。

（四）在管理制度方面

首先，财会基础工作不规范。一是财管机构不健全。财会人员任用不当，制度未能有效执行，易导致财务管理混乱现象。二是财务手续不健全。有的乡村会计原始凭证不合理，要么缺经手人，要么缺证明人，有的甚至没有审批人签字。一些财会人员在业务发生后未及时记账，仅凭记忆处理，甚至凭印象自制凭证，基础会计不规范现象严重。三是会计账簿不规范。一些财会人员未能认真落实财务制度，会计核算方法混乱，“错误账”“糊涂账”较多，无法真实地反映资金的流动情况。四是对账程序不规范。账款不符、账表不符、账账不符等现象时有发生，经常出现有账无款、有款无账、有账无物、有物无账等。

其次，财会监督机制不健全。一是内部监督乏力。由于乡村财会人员岗位职责划分不清，很难从根本上予以监督，发现错误和问题也难以提出实质性的改进意见，内部会计监督效果有限。二是村民监督意识不强。一些村民集体观念、民主法治意识薄弱，使部分村民对村集体的事情疏于关注，缺乏了解，难以予以实时的监督，民众监督流于形式。三是审计监督缺乏有效性。作为乡村财务审计执行主体，乡镇农经部门与被审计者存在某些方面的利益关系，或受物质条件所限，难以充分发挥其职能，致使审计不客观，执行不到位。

第三节　乡村财务管理信息化发展的影响因素

一、宏观因素

（一）经济因素

我国是一个农业大国，全国约14亿人口中有50979万是乡村人口，占36.11%（2021年数据）。同时，据国家统计局发布的数据显示，近年来我国城乡收入比仍然很大，至2022年全国城镇居民人均可支配收入与乡村居民人均纯收入之比达到2.45：1。乡村人口比率大，乡村现代化水平和农民收入较低，城乡差距较大，基础设施条件较弱成为我国目前乡村的发展现状。由于乡村经济社会发展明显滞后，在一定程度上制约农业与乡村信息化的推进。乡村信息化有利于带动农业生产和生活资料的消费需求，是扩大内需、发展现代农业的关键步骤，推进乡村信息服务的建设和发展，有利于农民能够及时、全面获取市场经济信息，开拓视野，提升致富技能，切实提高广大农民的收入水平；推进乡村信息服务的发展和完善，是完善乡村基础设施建设，改善乡村生活质量，建设社会主义新乡村的重要保障。因此，需要充分利用乡村现有的优势资源，大力发展乡村经济，不断提升乡村社会经济发展实力，从而奠定乡村地区信息化发展的物质基础。

（二）政策因素

农业乡村信息化的发展与政府部门的政策支持和组织管理是密不可分的，其顺利开展取决于各级政府的高度重视、统一规划以及有效的决策管理。我国政府历来重视农业乡村信息化建设，多个重要文件都明确指出加强乡村信息市场体系建设和信息服务工作，以加快推进社会主义新乡村建设、现代农业建设和推动城乡统筹发展。

（三）财政因素

自 1994 年实行分税制以来，各级政府财权逐渐统一上移，基层政府可支配的财政资金不断减少，导致经费问题成为困扰乡村财务管理信息化建设的重要因素之一。虽然，政府作为事实上的主要投入主体，在历年乡村财务管理信息化建设中所占的比重最大，但是，政府的职能与其财政实力却不相匹配，基层单位能够用于乡村财务管理信息化建设上的资金支持更是少之又少，相关部门信息化建设不得不自筹资金。由于经费投入严重不足，使基层政府面临着基础设施不完善、信息服务滞后、相关人力资源投入不足等一系列发展瓶颈，严重影响了乡村财务管理信息化的发展进程。此外，在社会资本利用方面，由于乡村信息服务体系建设是一项公益性事业，投入大、见效慢，受利益的驱动，很多私营企业和个人大多无法或不愿意介入，更加重了资金投入不足的窘境。

二、中观因素

（一）乡村信息产业发展滞后

所谓乡村信息产业是指利用计算机硬件、软件和通信技术对农业信息进行收集、加工处理、分析研究、提供信息产品和信息服务的相关产业的总称，是一种行业性的信息产业，是整个信息产业的一部分。乡村信息产业的发展有利于快速实现农业信息的收集、传输、整理和发布；有利于缩短科研成果形成、规范、集成及转化的周期；也有利于提升在生产发展、乡村教育建设、政务管理，财会管理等方面的科学指导和管理能力等，以及乡村信息化所形成的高技术产品与产业对我国农业发展具有巨大的推动作用。因此，它将全面、广泛而深刻地影响和推动乡村社会经济的发展。然而，就目前而言，我国乡村信息产业与城镇信息产业发展相比存在着较大差距，乡村信息产业在市场的需求率过低，竞争力中处于弱势地位，一定程度上制约了我国乡村农业信息化建设和乡村财务管理信息化水平。乡村信息产业的市场困境，在某种程度上已经阻碍了我国财务管理信息化的发展，在全球网络风靡、信息产业高速发展的今天，通过加快乡村信息产业化发展进程、提升乡村信息产业竞争实力、提高乡村信息产业化程度已变得十分必要。

（二）信息资源的整合度不高

尽管乡村财务管理信息化工作起步较早，但是相关财务管理信息化资源的共享和整合度并不高。一方面，条块分割的管理现状使得乡村财务管理信息化难以形成合力。乡村信息化的建设受到多部门的广泛关注，多头指导、多方措举，在一定程度上促进了乡村信息化的发展，但是也不可避免地出现了条块分割、各自为政的局面，信息化建设缺少有效的统筹和协调。另一方面，财务管理信息化建设缺乏统一规划，难以实现资源共享。例如，如果基层单位在选择财务软件时缺乏统一的标准，购买的软件各不相同，造成财务数据信息处理工作较难进行，既无法保证信息的流通与共享，更达不到管理信息化的效果。因此，迫切需要乡村经济管理部门加强对乡村财务管理信息化的资源整合，积极实行以农经部门管理为主体、相关部门为辅助，统一协调共同推进乡村财务管理信息化建设。

（三）区域自然条件制约发展

我国地势西高东低，山地、高原和丘陵约占陆地面积的 70%。乡村大都分布在幅员辽阔而且地理位置差异极大的空间里。由于区域内大多是山川河流地貌，使乡村政务发展实行了不同于城市的地区发展模式，导致基层政府不得不从各个方面加大在基础设施和信息接入点的建设投入。就同一地区乡村发展而言，村镇之间往往距离遥远，人文和自然环境复杂，农民前往当地村委会获取信息的难度较高，造成了“信息孤岛”的存在，形成了城关镇等的乡村信息化发达，偏远山区乡村信息化发展较落后的局面。

三、微观因素

（一）基层财会人事管理制度不健全

当前，乡村财务管理信息化出现的人员专业素质不高、人才数量严重不足、人员培训不到位等一系列管理主体问题，归根结底主要在于乡村财会人事缺乏合理的管理规范，具体而言主要有以下几点：首先，乡村会计培训体系不完善。涉及乡村财务管理的培训比较零散，不系统，缺乏相关的培训制度以及培训计划，尤其在电算化培训上力度还远不够。其次，财会人员聘用机制不合理。虽然早前财政部在关于印发《村集体经济组织会计制度》的通知中曾提出：乡村集体经济组织应配备必要的会计人员，也可以按照民主自愿原则，委托乡（镇）经济管理机构及代理记账机构代理记账、核算。乡村财会人员的任用可以采用自主选聘和委托代理两种模式。然而，这两种人事管理方式与当前乡村财务管理信息化大发展存在一定的不适应性。例如，自主选聘的财会人员一般业务素质并不高，大多是无证上岗，缺乏独自承担财务管理信息化操作的能力。而乡村财会的委托代理人员虽然具备一定的财会处理知识和经验，但是，财务管理信息化是财会理论与信息科学技术的有机结合，对于会计人员有着很高的技术操作要求，加之相关财务部门缺少尚未制定系统的培训机制，也难以胜任这一工作。最后，岗位待遇不合理，现实中绝大多数的乡村会计都是通过村干部直接聘用本村村民担任，其工资待遇主要由村干部一人或村委会决定，导致乡村会计人员在薪资待遇、工作职责以及自身利益上，都难免受制于村干部，不利于财会人员独立地进行财务管理。

（二）财务信息软件市场需求不足

当前，财务管理软件发展不够成熟的根本原因在于财务信息软件市场需求不足。首先，乡村收入较低，软件购买力较弱。长期以来，乡村的收入水平虽一直在增长，但城乡之间收入仍存在差距，而且多数乡村缺少振兴乡村经济支柱产业或资源优势，使乡村可支配的收入并不多，无力承担乡村信息基础设施的兴建，更是缺少足够资金购买价格不低的财务信息软件。其次，市场利润低，软件开发动力不足。近年来，商业化财会软件利润可观，许多软件公司大多将资金和人力投入企业会计软件的开发和更新中，而对于乡村会计软件，由于销售并不理想，利润长期低迷，加之软件开发商对乡村后续维护和咨询成本过高，使许多软件公司放弃了面向乡村的财务信息系统开发，最终导致乡村现行财务软件出现功能不全、适用性与通用性比较差等问题。最后，消费群体分散，售后服务难。由于乡村地区广阔，用户分散，交通和通信成本相对较高，使得财务软件销售公司与乡村用户缺乏必要的联系，导致软件的售后服务和操作人员培训工作较难落实。这些都导致财务管理软件发展不够成熟。

（三）财会信息化管理体制不完善

财务管理信息化对于乡村社会来说是一个较新的事物，尚且处于初期阶段。因此，有关财务管理信息化的管理制度和方式还不是很完善，没有制定比较详细、明确的管理制度，制定制度的过程也不规范。由于缺少完善的基层的会计工作制度，一些乡村地区的会计工作往往比较混乱，更别提对其工作进行会计监督了。

第四节　乡村振兴背景下乡村财务管理信息化的优化路径

一、提升认识

（一）转变观念，增强干部领导能力

信息化建设首先要解决领导的观念问题，而解决观念问题的关键是领导要不断学习，懂得信息化，在此基础上推广，心中才能有底气。作为基层财务管理信息化的主管单位，各级领导和村干部是团结带领广大农民群众发展致富、建设中国信息化新乡村的骨干。因此，要发挥好基层领导干部的作用，就必须加强其对微机电算化新生事物的学习认识，认真解决一些机关工作人员，特别是个别领导同志在计算机应用上认识的无用论、超前论和不可知论等错误观点，解决其在具体工作上表现出的抵触畏难畏惧情绪等问题，从而提高他们对村级财务管理信息化的重视程度，强化对村级信息化管理的责任意识。在当今全球经济一体化、信息技术大发展之际，只有转变观念，不断增强农经领导干部使用信息资源和信息技术的能力，才能在我国乡村信息化建设中有所成就，在信息化进程中跟上时代步伐。

（二）提高认识，转变政府管理方式

在乡村财务信息化建设中，政府的科学管理是推进乡村财务管理信息化发展的直接动力。因此，要不断提高政府对信息化管理的认知，转变其财务信息化的管理方式。一方面，各级政府部门要充分利用电视、报纸等媒介

积极宣传乡村财务管理信息化的重要作用，特别是宣传财务管理信息化在规范会计核算、提高财务公开质量，提供准确、及时会计信息等方面的重要作用，使各级管理部门认识到财务管理信息化对乡村经营管理的深远影响，并在资金、人员配备等方面给予支持，从而为加快乡村财务管理信息化事业的发展创造良好的条件。另一方面，各级政府要对自身职能进行整合再造，通过对部门、财会和信息等方面的集成，理顺管理流程，明确部门职责。例如，在农民关注的乡村账务方面，通过简化处理流程，提升工作效率。乡村干部积极通过电子平台及时公布近期乡村财务报表明细，提高工作质量。

（三）深化认识，做好财管统筹规划

基层政府要充分认识到乡村经济管理信息化建设具有战略性、长期性、整体性的特点，是涉及农业、乡村各个领域的系统工程，科学合理的规划和强有力的组织协调是其成功的关键。因此，要想提升乡村财务管理信息化水平，各级主管部门要充分发挥主导作用，统一协调乡村财务管理信息化建设，提高信息化资源配置效率，避免重复建设和低水平发展，从而有效推动乡村财务管理信息化建设有序开展。基层政府和部门要认真落实“统一规划、分成建设、信息共享”的原则，明确把乡村财务管理信息网络建设作为地区政务信息网络系统的一个组成部分来进行规划实施，以实现县—镇—乡三级财务数据流通，有效防止数据孤岛的形成。

二、健全制度

（一）建立完善的财务信息化管理制度

财务管理信息化工作是一项复杂的系统工程，必须建立健全行之有效的管理机制和管理制度。为了规范财务管理信息化的管理行为，确保乡村政务

工作健康有序地进行，需要在基础会计工作、岗位责任、人员管理、软件运用管理以及系统维护管理等方面积极制定相应的规章制度。其中，在基础会计工作管理方面，要按照相关法规制度科学合理设置乡村基础会计工作制度。在岗位责任管理方面，要积极实行岗位负责制，落实具体工作时责任到人，一旦出现问题，直接追究个人的责任；在财务人员管理方面，要合理制定相关人事管理制度，明确相关管理员、操作员、审核员等在从事财务管理信息化工作中具备的能力并规划工作中各工作人员的具体职责；在具体软件运用管理方面，要积极制定针对软件的流程、权限、使用记录和代码设计等方面的相关规定。在系统维护管理方面，要科学制定系统管理办法，规范地进行系统硬件和软件系统的维护、系统使用权限的维护等。与此同时，相关管理制度的建立要针对乡村的实际情况，形成一套行之有效的明晰制度，以促进乡村财务管理信息化工作的规范化和制度化。

（二）积极探索乡村财务信息化管理模式

当前，随着乡村社会经济的深入发展，对乡村的财务管理及信息化建设提出了新的要求。为此，需要在财务管理方式、手段以及财务公开等方面积极探索新型的信息化管理模式，以推动乡村财务管理信息化建设和乡村经济发展。首先，在财务管理方式方面，积极建立基于“村账乡管”和“会计委派制”的财务集中管理模式。由乡镇一级财务部门负责管理乡村财务，对乡村集体经济进行统一核算、统一公开、统一监管。其次，在财务管理手段方面，采用“镇村联网”的管理模式。“镇村联网”模式是利用光缆通信技术，光纤以点对点直联方式，建设完全与互联网彻底隔断的稳定、安全、顺畅的财务管理信息化平台，实现镇村联网。彻底解决会计核算和管理存在时空分离的问题。最后，在财务公开方面，积极探索多元化的财务公开模式。例如采用互联网络与墙报相结合的公开方式，积极构建适用中青年群体，运用触模屏电脑设备发布党务、村务、财务、科技等相关政务信息的互联网综合信息平台，建立适用于中老年群体的墙报、公布栏等，以满足各类群体的信息需求，保障农民群众的知情权、参与权、表达权和监督权。

三、完善设施

（一）规划完善好信息系统硬件设施

推行乡村财务管理信息化，离不开必要的软件、硬件设备，它是实现信息化的基础载体。因此，各级政府应积极对乡村财务管理信息化的硬件建设加大投资力度，根据各个乡村现有的设备和人员配备等实际情况，投入足够的资金帮助购买乡村会计信息化设备、财务软件以及对乡村财务人员的相关业务培训，以促进财务管理信息化的顺利进行。在推进乡村财务管理信息化建设过程中，各级政府要从实际出发，注重乡村会计信息化的实用性，充分考虑各乡村的经济能力以及管理需求等各方面因素，制订好相关软硬件购买计划，规划好相关电脑的配置、网络连接等外部设施的配备，合理统筹安排各项工作，避免重复建设和低水平建设。与此同时，乡村财务管理信息化是一个庞大的信息系统，购买硬件设备要遵循统一和可持续发展的规划原则。统一的原则就是要求政府制定统一的规划标准，科学引导乡村财务管理信息化硬件设施建设；可持续发展原则就是要求政府要有长远眼光，尽量选择型号统一、性能高端的服务器、客户端、存储设备等相关设施，以适应农经部门未来的发展需要；而且由于乡村财务管理信息化是一个庞大的信息系统，因而应尽可能地将硬件设施规划的兼容性更强、可靠性更高、更容易维护。

（二）有针对性地开发乡村会计软件

财务软件是否适合在很大程度上决定了财务管理信息化在乡村财务管理

中的应用能否顺利进行。在乡村的会计工作中，大都是针对土地、山林、鱼塘等承包业务的处理，而类似工资核算、部门利润等相关业务并没有要求，固定资产的数量与种类的核算也比较少。加之乡村财务人员对专业会计术语也较少使用，使得市场上流通的商业版会计操作系统对于他们来说较难应用，因而需要加大一些图文并茂、界面直观、操作简洁的财务软件的开发，增强软件的输入控制功能。为此，部分经济发展较好的乡村，可以聘用技术人员尝试开发更有针对性的财务软件，以掌握对财务软件的主动权。另外，在软件的运行过程中，最好是先选择部分条件好的乡镇试行一段时间，之后再采取以点带面的方法在广大乡村进行普及和推广，以避免不必要的浪费。同时要与软件开发商建立密切的合作关系，以保证财务软件在运行过程中，一旦设备或软件出现问题，能够及时得到相关的人员指导和技术支持。

四、优化队伍

（一）规范人事管理，稳定财会人员队伍

由于乡村财务管理是一项政策性很强的工作，又是一项业务性极强的工作，所以，如何提高乡村会计人员业务素质，稳定财会队伍就成为乡村财务管理信息化能否顺利实施的关键环节。首先，在进行财会人员选拔时，基层单位要坚决杜绝“任人唯亲”“任人随意”“无证上岗”的行为，坚持以公开招聘、择优录用、持证上岗的原则挑选最适合的专业人才，以保证乡村财会队伍能够具备较高业务素质；其次，财会人员一经确定，不能随意变动，财会人员的任免和调换应由村民委员会提名，经村民会议或村民代表会议讨论通过，并经乡镇农经管理机构审核，村主要干部及其直系亲属不得担任本村的财务人员，以保证农村财会队伍的稳定性；再次，尽可能改善村会计的福

利待遇，由于乡村财会人员与其他主要干部的待遇差距较大，各级政府应积极制定相关政策将乡村财会人员纳入财政补助范围，解决他们的后顾之忧，同时采取一些激励措施，提供他们积极向上的晋升平台，充分调动他们的工作积极性和主动性；最后，要对乡村财会人员进行不定期业务考核，并根据考核实绩予以一定的奖励或者补训，以保证乡村财会人员的素质不断提高。通过采取一系列政策，规范财务会计人事管理，充分保证村级会计队伍的稳定性和持续性，从而为乡村财务管理信息化的顺利开展奠定人事基础。

（二）开展业务培训，提高财会人员素质

财务管理信息化的人才不仅要具备基本的会计知识，又要掌握计算机知识和应用技能。然而，对于当前广大乡村来说，这种“复合型”人才队伍数量远远不能满足现行财务管理信息化的需求。因此需要加大培训力度，全面提高人员素质，以填补在乡村财务管理信息化过程中大量的人才空缺。首先，各级政府要加强调研工作，从各地区乡村的实际出发，开展方法形式多样的培训，如离岗培训或在岗培训等。除培训方式可以多种多样外，还要提升培训内容的理论深度和广度，使财会人员能够更全面深入地掌握财务管理信息化的相关知识。其次，积极对不同层次的会计工作人员进行相应的业务培训。如对主管领导的培训，以提高其对财务管理信息化工作的认识；对财务信息管理员的培训，使其掌握各种业务操作流程，运用财务软件进行信息采集和发布；对技术操作员的培训，使其掌握财务硬件设施管理及相关财务软件的应用技能。最后，要加强乡村会计人员的职业道德建设，增强其遵纪守法的主动性和自觉性，为提升乡村财务管理信息化的合理化水平提供保证。

五、立体监督

（一）财务民主化监督

加强乡村财务监督，最主要是依靠群众的民主监督。因此，在乡村财务管理信息化进程中，要不断提高村民对财务管理信息化发展的监督意识，充分发挥村民的主体作用，承担起主动监督的责任。在广大乡村地区，可以通过建立由村民代表组成的村民民主理财小组，时时参与和监督乡村财务管理信息化的工作。民主理财是村级自治组织财务管理中的一项重要制度，各村都要建立健全村民理财小组，村民理财小组在村支部和乡镇政府的领导下，直接监督村级财务收支情况。在乡村财务支出管理中，要坚持一事一议制。涉及公益性专项支出、生产类的大额支出等都交由村民代表大会讨论并采用民主投票进行表决，凡涉及不合理支出的，坚决予以否决。在村委资金使用过程中，理财小组要加大监控力度，不仅要有村委支书及村主任的签字，还要经过理财小组审核，手续合理的才予以盖章，从而真正做到财务民主决策、民主管理和民主监督。

（二）财务公开化监督

为了加强对乡村财务管理信息化建设的监督，最重要的一点就是要加大对财务公开的执行力度。通过乡村财务公开化，提升乡村财务管理信息化的监督水平。首先，在进行财务管理信息化过程中，要积极设立相关网络平台，并按规定将农村集体财务活动情况定期、如实地通过网络、村务电子屏等信息载体予以公布，方便广大村民能够随时对乡村财务远程查询、核实，接受村民监督。其次，财务公开的内容要齐全、真实，包括年初财务计划、年终财务决算、重大事项开支、村组各项财产、通过“一事一议”筹集的资金、收益分配、代收代缴费用以及债权债务等广大农民群众热切关注的相关事项。最后，财务公开应当及时，做到每季度或半年公布 1 次财务收支情况，年终公布各项财产、债权债务、收益分配、专项资金筹集和使用情况。

六、绩效评估

（一）建立和完善科学的绩效评估体系

乡村财务管理信息化的实施及其效果很大程度上取决于政府，而完善的绩效评估体系可以保证基层财务管理信息化的建设、运行与安全，促进乡村财务管理信息化持续健康地发展。因此，各级政府可以根据不同地区实际情况制定一套切实可行的乡村财务管理信息化的绩效评估体系。通过将基层单位财务管理信息化的管理任务转化为基层政府的治理目标，再将这一目标转变为可量化的绩效指标，从而实现绩效指标设定与政府目标管理相结合。同时，在设定乡村财务管理信息化的绩效指标过程中，要注意将定量分析与定性分析结合使用，充分考虑基层部门的工作性质与绩效指标的关系，唯有这样才能建立合理适用的评估指标体系。最后，绩效考评体系还要注意指标设置可行性问题，不能选用那些难以搜集、检验核实的指标，指标的测量成本和困难度应在可接受的范围之内，应当经过被评估者的一定努力后就可以实现。而那些脱离实际情况，几乎难以完成的指标，不仅不能有效帮助促进基层财务管理信息化的顺利开展，反而可能导致被评估者弄虚作假。

（二）建立第三方参与的多重评估机制

一方面，要加强基层单位自身评估，通过每月、每季度、每年末采集生成的相关考评指标数据，结合预算执行和财务核算等情况，对各区、县（镇）的乡村财务管理和村干部（含村会计、出纳等）履行岗位职责情况予以考评，把考核结果作为相关人员确定报酬和任职资格的主要依据；另一方面，也要注重农民群众在信息化建设方面的回馈，逐步实现官方评估与群众回馈相结合的多重评估机制。乡村财务管理信息化的绩效如何，不仅需要基层单位自身的评价，更需要广大农民群众和乡村民间组织的绩效反馈。只有这样才能使绩效评估更好地助推乡村财务管理信息化的建设与发展。

财务管理信息化是乡村财务改革发展的未来趋势，一旦财务管理信息化在广大乡村中付诸实施，对于推进乡村财务管理的规范化、制度化和民主化，促进农村社会和谐稳定，推进乡村经济持续发展都具有十分重要的现实意义。然而，我国村级财务管理信息化仍处在起步阶段，各地各村信息化建设基础条件不一，加之又缺乏信息化建设实际经验，需要积极探索适合我国各地乡村财务管理信息化发展的路子。同时，由于普遍受到多种因素，如人员素质问题、软硬设施建设问题、信息化管理体制问题等的影响，乡村财务管理信息化又是一个艰难而长期的过程，财务管理信息化建设依然任重道远。

第九章　乡村振兴背景下的乡村财务与财政体制分立制度设计

第一节　乡村基层组织财务资金与财政资金混合运营现状研究

一、农村财务体制与财政体制分立的理论基础

（一）本金、基金分流理论

从一般意义上讲，资金是指国民经济中财产物资价值的货币表现。计划经济条件下，通常将资金按其分配形式分为财政资金和信贷资金，按用途分为基本建设资金、生产经营资金和其他特定用途资金。而社会主义市场经济条件下资金运动情况发生了变化，表现为资金主体多元化和用途的多面性。

1. 本金与基金的性质

本金，是各类经济组织与个人为进行生产经营活动而垫支的资金。这里的经济组织主要是指国家财务机构（国有资产管理机构与中介经营公司）、生产流通企业、商业银行、保险公司、非银行金融机构（证券公司、投资银行）、企业化经营的事业单位等。个人则包括个体工商户、从事商品生产流

通的农户和广大股民等。此处所说的垫支资金，是指这部分资金投入生产流通后没有消耗掉，它还要从所取得的收入中收回，并要求增值，从而具有循环周转性和增值性的特征。从国民经济的范围来看，属于本金的资金主要包括国家财务资金、企业财务资金和家庭财务资金。

基金，是指国家行政组织与非企业化事业单位为实现其职能而筹集和运用的专项资金。这里所指的国家行政组织，包括为实现国家社会行政管理职能和维护国家安全的党、政、军部门等。非企业化事业单位则包括各种从事文化、教育、科研等的部门与单位，以及各种社会团体等。这里的专项资金是指实现国家社会行政管理与维护国家安全职能所需的非经营性资金，它用于某种专门用途且在使用过程中被消耗掉，因而具有一次收支性和无偿性等基本特征。从国民经济的范畴来看，属于基金的资金主要包括财政资金、社会保险基金、社会保障基金和社会事业基金。

2. 本金与基金分流运行理论

由于本金与基金的物质内容、运动规律和体现的经济关系不同，因而在宏观经济运行中应做到分流运行。本金与基金的分流运行，是指二者从管理的主体、目标、原则和方法上应严格加以区分，不允许混淆不清。具体讲应注意以下四点：

第一，本金与基金的管理主体分开。本金管理从性质上属于对生产经营要素的价值管理，是生产资料所有者与经营者的管理职能，其管理主体应是各类从事生产经营活动的经济组织（宏观的、微观的）与个人，国家各种社会行政事业单位不得从事本金经营。基金管理从性质上看属于对社会消费资料的价值管理，是国家社会行政管理者与事业管理者的职能，其管理主体是从属社会行政与事业管理的单位。因此从事生产经营活动的经济组织与个人不得进行基金管理。

第二，本金与基金的管理目标分清。本金管理的目标是以一定的本金投入取得更多的经济效益，即一般所说的追求本金增值。因此对从事生产经营活动的经济组织与个人，应要求他们在遵守国家法规的前提下搞好本金运营，不断提高经济效益，而不能强迫他们牺牲经济效益而去从事某些社会公益事业。基金管理的目标是以一定的基金支出履行更多的社会责任，即追求社会效益的目标。

第三，本金与基金的管理原则分明。本金运动循环周转规律，要求资本管理贯彻有偿使用原则，即资本的投入必须以未来收入进行补偿，并带来增值。基金运动一次性收支规律，要求对基金管理贯彻有效使用、无须偿还原则，因此，政府部门的基金收支应严格纳入国家预算管理，加强财政监督，不许挪作资本。

第四，本金与基金的管理方法分用。本金运动过程顺序分为筹资、投资、耗资、收入、分配五个环节，随着扩大再生产的不断进行，这五个环节不断重复展开，形成本金的循环周转过程。本金运动循环周转规律决定了本金管理方法的特点。基金运动过程顺序分为收入与支出两大环节，随着国家社会行政事业单位管理活动的进行，这两大环节也会重复进行，但这一重复不是原垫支资金的循环周转，而是新一轮收入与支出的交替进行，即一次收支式。

（二）国家财务理论

郭复初在1986年南昌“全国企业财务理论与财务学科问题讨论会”上首次提出国家财务的概念，1988年在《社会主义财务的三个层次》论文中提出：“国家财务活动是国家以生产资料所有者身份，为实现组织经济活动的职能，对企业或部门的一部分资金或创造的国民收入进行分配与再分配的经济活动，以满足经济发展的物资需要。”

国家财务理论提出的理论依据有两个：一是马克思关于国家两种权力学说。早在1847年马克思就明确提出国家可以同时具有“财产权力”和“政治权力”两种权力，郭复初认为，社会主义国家同时具有财产权力（全民所有制代表）和政治权力，不同权力可以获得不同的收益，凭借财产权力可以获取效益收益；凭借政治权力可以获得税收收入，这两种收益分配为国家财务独立提供了可行性。二是社会主义市场经济的要求。社会主义市场经济是国家宏观调控下的市场导向型经济，国家调节市场，市场引导企业是处理国家与企业之间经济关系的良好方式。国家作为生产资料所有者，要通过资金市场进行财务资金筹集与投放，从资产增量配置上优化经济结构，提高投资收益率，通过产权交易市场进行现有财务资金分布与结构的调整；从资产存量配置上优化经济结构，提高存量资产使用效益。这种以国家为主体所进行的财务资金筹集与投入和现有财务资金分布与结构的调整，即为国家财务活动。

国家的政治权力和财产权力是两种不同的权力，在新形势下有分离的必要。将国家的财产权力分离出来，实行有效的专业化管理，即国家财务管理，有助于划清国家资本金与财政资金的界限，有利于国家资本金沿着投资、收益取得、再投资的过程形成国家资本金运动体系，建立我国宏观财务管理体系，形成宏观财务调控机制，同时对于建立健全我国国有资产管理体制，转换政府部门职能，加速财政体制的改革有促进作用。郭复初认为，应当改变财政统管国有经营资本与国家财政资金的管理体制，分别建立国家财务管理体系和国家财政管理体系，使国有经营资本与财政资金分流运行、分开管理。以上是从宏观层面将国家财务从国家财政中分离出来、独立运行，具体到微观层面，也就是前面提到的农村财务的问题，应该按照经营性资产的要求独立出来与代行财政职能的资金相分离，以实现盈利为目标，这既是整个经济管理体制改革的需要，也是实现城乡统筹的关键内容之一。

郭复初在 1993 年 11 月出版的《国家财务论》中将国家财务理论概括为国家财务独立论、国家财务调控论和国家财务分配论等几个方面，现概括如下：

两种不同性质国际收支体系的客观存在。一是国家以社会行政管理者身份所进行的资金收支活动，其收入主要是税收，其支出为国家行政、事业、国防性支出、财政补贴支出和基础设施与基础产业发展支出。二是国家以生产资料所有者身份所进行的资金收支活动，其收入主要是利润上交，其支出为国有经济的内涵与外延扩大再生产的投资。这两种资金收支的质的区别在于财政性收支主要是社会基金的筹集与运用，处于社会分配领域，具有一次支出性；财务性收支是国有经营资本的投入与产出，处于生产流通领域，具有周转增值性。

我国经济体制改革对建立独立的国家财务体系的要求。我国经济体制的目标模式是建立社会主义市场经济体制，现代企业制度的核心是建立企业法人财产制度，即出资者的终极所有权与法人财产权相分离。国家作为出资者所进行的国有经营资本的投入与产出，构成以国家为主体的财务活动，形成国家财务体系。为了纠正过去由财政统管国家财务出现的目标混淆与力量抵消的弊端，必须建立独立于国家财政之外的国家财务体系，独立从事国有经营资本的投入与产出活动，对国有经营资本保值与增值负专门责任。

国家财务与国家财政体系的相互关系。区分国家财务与国家财政这两个不同的经济范畴是国家财务独立论的核心，国家财务是国家以生产资料所有者身份，为实现组织国有经济职能，对国有经营资本的投入与产出活动及其所形成的经营关系，实现国有经营资本的保值与增值的经济效益目标；国家财政是国家以社会行政管理者身份，为实现组织政治活动与协调经济职能，对一部分国民收入的再分配活动及其所形成的分配关系，实现社会效益目标。国家财务与国家财政二者的主要区别表现在：一是在性质上，国家财务以产权为依据参与经营单位所创造的国民收入的分配，属于所有者与委托者和经营者之间的产权关系与分配关系，是国有经济内部的分配关系；而国家财政则以政治权力为依据参与经营单位所创造的国民收入的分配，属于社会行政管理者与经营单位或个人之间的分配关系，是国民经济范围内的分配活动。二是在资金运动形式上，国家财务资金运动包括本金投入和收益分配两个方面，是沿着筹资、投资、收益与分配、再筹资、再投资、投资收益与分配的轨迹运行，有补偿性和增值性的特点。三是在参与国民收入分配的方式上，国家财务是对国民收入的初分配，分配手段是获取资产收益和财务投资为主，分配形式是财务收支预算，主要由国有资产管理部门和所属各种国有经营公司负责。四是在经济建设支出方向上，国家财务以经济建设为目标，目的是壮大和发展国有经济实力，提高经济效益。国家财政以社会建设为目标，目的是巩固和发展上层建筑，为国民经济提供基础条件，追求社会效益。

（三）公共财政理论

公共财政即公共部门经济或公共经济，其基本特征是着眼于满足社会公共需要，如提供公共物品或服务，调节收入和分配，促进经济稳定增长，同时还要立足于非营利性。当代西方公共财政理论认为，财政存在的必要性，在于市场存在缺陷，也就是“市场失灵”。社会经济的运行应当以市场调节为主，只是在市场难以调节或者调节不好的领域，才需要政府进行适应性调节，对市场进行干预。“市场失灵”主要表现在公共产品的供给不足、无法解决“外部效应”问题、经济的周期性波动、收入分配不公问题、垄断问题和信息不对称问题等方面。

由于市场机制在许多领域存在失灵问题，政府的介入和干预也就有了必要性和合理性的依据。政府的职能主要是克服市场失灵的问题，而公共财政则是支持政府行使这些职能的主要手段，而且其他手段的运作也都需要政府财政的支持。基于这样一种分析，公共财政的主要职能就可以界定为以下三个：第一是资源配置职能，它是由政府的介入和干预所产生的，其作用和特点是通过本身的收支活动为政府供应公共物品提供财力，引导资源的流向，弥补市场的缺陷，最终达到全社会资源配置的最优效率状态；第二是收入分配职能，财政通过自身的收支活动进行全社会范围的再分配，以实现社会分配的相对公平；第三是经济稳定职能，由于市场在自发运行中必然产生经济周期问题，政府必须推行宏观经济政策以实现宏观经济的相对稳定。公共财政理论还认为，公共财政是为弥补市场失灵，提供公共产品的政府分配行为，它是与市场经济相适用的财政模式。在市场经济条件下，政府不能是盈利性的市场运营主体，不能参与市场的盈利竞争，因而也就决定了公共财政的非营利性。公共财政的活动范围只能限定在市场失效的领域内，不能超出这一领域而损害市场机制的正常运转。

在农村这个微观层面上，由于村民委员会长期以来承担着社会管理、公共服务等财政职能，因而就具有了公共财政的一系列性质，所以在运行过程中应该从经营性、营利性的领域退出，完成村民委员会这个非营利性的民间自治组织职责范围内的职能即可，从而也可以使村集体经济组织自由地投入市场竞争，按市场规则从事经营性生产发展经济。此外，从宏观层面来看，政府的公共财政应顾及社会的每个领域，除了城市还应包括农村，农村也属于市场经济的作用领域，也存在市场失灵，因而政府应从国家财政中加大对农村公共产品供给的支持力度。

（四）“农村财务与财政分立”和“宏观财务与财政分立”的共性与个性分析

从二者的共性来看，解决的都是一个财务与财政分立的问题，具体而言就是使财务资金与财政资金分流运转、独立运行，在各自的领域内实现经济效益和社会效益的目标。不同的是，前者是从微观层面上解决财务与财政问题，而后者则是从宏观层面上解决国家财务与财政的问题，因而其理论基础是相通的。

改革开放以来，在市场经济体制总目标的指引下，经过理论工作者和实践工作者多年的研究与探索，宏观财务从财政体制母体中分离出来独立运转已在理论界达成共识，并取得了显著成效。2003年初我国国有资产管理体制进行了重大改革，成立了国有资产监督管理委员会，从宏观框架上进行了公共财政与宏观财务体制的分立。西方国家在财政体制的运转过程中，虽然也实行与我国相类似的分级财政体制，但是国外各级政府之间的权责划分比较清晰，具有明确的法律依据，所以对于公共产品的提供，一是大多数是从整个社会或社区的角度考虑，实行的是城乡统筹；二是公共产品的供给责任由中央和地方财政全部承担。因而对于西方国家不存在财务与财政不分的问题。但在我国农村，很长时间以来，农村基层组织承担了村级公共品的供给任务，履行着本应由政府承担的财政职能，从这个角度分析，将农村基层组织中的代行财政职能的财政资金从履行财务职能的财务资金中分离出来就具有现实必要性。

本金与基金分流理论在农村这个微观层面上，具体是指农村中用于生产经营活动、扩大再生产所需要的积累资金（具有本金性），与用于农村社会类行政管理、公共福利的财政资金（具有基金性），在运行过程中有分离的必要，这是农村财务与财政分离的理论基础之一。按照郭复初等人提出的国家财务理论，在微观层面上将农村集体经济组织的财产权力分离出来，实行有效的专业化管理，即农村财务管理，改变村民委员会统管农村经营资本与财政资金的管理体制，分别建立农村财务管理体系和农村财政管理体系，使经营资本与财政资金分流运行、分开管理。有助于划清农村资本金与财政资金的界限，有利于农村资本金沿着投资、收益取得、再投资的过程形成农村资本金运动体系。

二、农村基层组织财务与财政资金运营现状调查

本次调查涉及山东、湖南、浙江、陕西、江苏、河南 6 个省份，但考虑其他省份样本太少，对样本数据进行分析时只选择了山东。山东省是一个农业大省，地处东部沿海发达地区，人多地少，地形复杂，省内既有沿海又有内陆，通过调查发现，村办企业发展的比较好的村主要集中在东部沿海地区，存在明显的东西部差异。在被调查区域中，有 60.61% 的农村处于平原，27.58% 的村位于丘陵，11.82% 的村位于山区，地理位置的不同也给经济发展带来了不同程度的影响。

本次调查以经过培训的社会实践大学生返乡入户访问，并直接填写调查问卷的方式，于 2022 年暑假对山东省 17 个地市的 100 个县（市）、224 个乡（镇）、251 个村进行了调查，共发放调查问卷 340 份，回收有效问卷 278 份，其中山东省 251 份，涉及山东省的 17 个地级市和近 72.47% 的县（市、区）。在被调查对象中，有 13.8% 来自城市郊区，86.2% 来自农村，其中 11.35% 的农村位于乡镇政府所在地；由于被调查对象的分布基本上覆盖了山东省各种类型的县（市、区），因此，调查资料能够比较客观准确地反映山东省农村基层组织资金运行的现状。

考虑到所调查的问题具有一定的难度，很多问题涉及村级财务状况和财

务管理的细节，因此，要求被调查的农民有一定的文化程度，对实际状况有一定的了解。为了便于对比分析，将被调查的农民分了三组，一组是不在村里担任村干部职务的一般农民，另一组是村委会干部，还有一组是村会计，即每个被调查村一般抽取三位村民作为调查对象，其中一位是一般村民，要求对家里的经济情况比较清楚，另两位是村委会成员和村会计，要求对村集体经济的发展状况、村收入支出状况及财务状况比较熟悉。这样调查出来的数据真实性更强一些。

在问卷的数据分析过程中，为了便于发现问题，笔者采用了分组对比的方法，由于村办企业上缴利润对村收入影响较大，因而按照调查对象是否有村办企业，将山东省农村分为有村办企业的农村和无村办企业的农村，对其财务状况、公益事业的完成及村级负债的情况进行比较分析。

（一）被调查对象的基本情况

农村实行税费改革以后，村级组织可支配的财力出现了大幅度的减少，如何保持农村基层组织的正常运转，是农村税费改革过程中需要注意的重要问题。

1. 农村基层组织

当前农村社会中存在的基层组织主要有党支部、村民委员会和农村集体经济组织，但人民公社解体后，随着村集体的土地、机械、农具等生产资料都分包或卖给了农户使用，村级合作经济组织在大多数地区成了形式上的虚设，其经济管理职能实际上由村委会行使，包括集体土地的发包和管理以及非农产业的经营。在实际运行中，村民委员会代替了农村集体经济组织，调查结果表明有 71.68% 的村其村民委员会与村集体经济组织是一套人马，对村里重要事务的处理主要还是由村委会讨论决定。在这些被调查的村中，有专业合作经济组织的村只占到样本的 9.8%，其中 46.67% 属于农民协会型，即由少数专业户和能人自发组织成立，从事专项农产品的生产和销售，这种类型的农业协会在枣庄滕州市比较多，主要是由能人牵头成立的寒萝卜协会、毛芋头协会等；30% 属于订单农业型合作经济组织，即以个体营销大户和销售企业为单位进行农副产品的种植与销售；还有 23.33% 的合作经济组织属于技术服务型，它是以当地的科研和技术推广部门及龙头企业为主，发展生产基地，通过技术加工来增加农产品的附加值。

从调查结果来看，村民委员会在实际运行中主要履行以下职能：按照相关法规及政策要求实行村民自治、民主决策、民主管理、民主监督及财务政务公开；负责农村公共事务和公益事业，开展文化活动等自治职能，协助乡镇政府履行行政性的职能；处理村庄日常比较重大的事务；监督村集体经济组织活动经济事务的决定及村办企业的组织监督管理等。农村集体经济组织则主要负责：农业生产、产业结构调整、集体资产承租等职能；带领经济组织发展进行外出务工人员的培训；统筹生产播种收获作物，统一负责管理土地及其他一些集体资产；为村经济发展出谋献策提供资金条件等有利环境等。

2. 村级干部状况

在被调查的 251 个村中，平均每个村有 5 个村干部；村主任 89.57% 的属于村民选举产生，还有 7.98% 的来自乡镇任命，其中 52.31% 的村党支部书记和村主任是由一人兼任。村干部的工资来源渠道主要有两条，一是财政补贴，二是村集体收入。在村干部换届或离任时能够做到离任审计的村占到 63.38%，说明审计工作在农村基层组织建设中已经有所进展。

3. 村会计的基本情况

调查发现，有 34.97% 的村会计人员是由村民选举产生的，40.18% 的人员则由村主任指定，然后由乡镇委派，还有 24.85% 的村会计人员由村委会选举产生。他们的年龄集中在40~50岁，文化程度参差不齐，其中具有高中文化水平的占48.02%，中专水平的占15.81%，初中水平的占31.91%，小学文化程度的占4.25%。从整体来看会计人员的业务能力比以前有所提高，能够定期接受县、乡经管站会计培训的占72.36%，有会计证的占57.1%。

4. 农村集体经济发展情况

当前农村集体经济总体上看比较薄弱，其收入的来源主要是土地承包收入和资产租赁收入，部分发展比较好的村有村办企业上交的利润或承包收入。在调查的村中，有村办企业的占19.12%，企业类型比较多，其中属于农产品加工业的占22.83%，从事种植或养殖业的占21.74%，从事手工制造业的占17.39%，还有38.04%的村办企业属于其他类型。在这些村办企业中，每年需上缴村集体一定利润的占75%，这部分资金构成了农村集体收入的主要来源。在所调查的村集体收入中，土地承包收入比重最大，有此项收入的村占调查样本的71.56%；其次为财政对村的转移支付资金收入，这样的村占样本的44.69%；最后为农业税附加收入，这样的村占样本的35%（这部分收入从2006年开始将随着农业税的全部取消而消失）。此外，有企业上缴利润的村占调查样本的18.13%，还有其他收入，如池塘等承包收入、房屋租赁收入、卖树收入、河道占压收入、资源收入（矿砂、煤炭等）、个体煤矿企业上交的环保费、占地费等。

在对农村收入结构的调查中，有65.22%的村以农业收入为主、非农业收入为辅，34.78%的村以非农业收入为主、农业收入为辅；其中在农业收入中以种粮食作物为主、经济作物为辅的占64.5%，以种经济作物为主、粮食作物为辅的占35.5%。

5. 乡镇政府与村民委员会的关系

尽管对于乡镇政府与村民委员会的关系，《中华人民共和国村民委员会组织法》作了专门的明确规定，乡镇政府对于村民委员会的工作给予指导、支持和帮助，乡镇政府不得干预属于村民自治范围的事项，村民委员会协助乡镇政府开展工作。但在村民自治的实际运行过程中，乡镇政府与村民委员会的关系很难达到这种理想状态，在很多地方二者之间依然保持着一种行政领导关系，在调查的 251 个村中，21.43% 的村组织表示其所在的乡镇政府与村委会之间仍是明显的领导、干预的关系。

（二）农村基层组织财务管理现状

1. 村级组织的财务管理状况

通过调查发现，当前农村中存在的问题主要有：部分村会计职能尚不能充分发挥，农村会计队伍不稳定，村财务管理混乱；有些农民负担比较重；个别村干部有不合规行为；村集体经济薄弱，企业太少；农村经营规模小、结构不合理，缺少发展资金；有些村的债务太多，一些必要的公共服务、公共产品无力提供等。

2. 财务公开状况

在调查中发现，村民认为对村的财务公开内容完全属实的占 35.74%，基本属实的占 53.61%，认为与实际财务状况差距很大的占 10.66%；在村财务公开对村级财务管理所起的作用这个问题上，认为作用很大的占 35.83%，认为比较大的占 46.11%，认为不起作用的占 18.09%。

3. 乡镇代管政策的评价

从调查结果来看，88.82% 的村会计认为乡镇代管起了一定的监督作用，规范了农村的会计基础工作，加强了乡镇对村级财务的监督，但同时带来了一些负面问题，有些乡镇挪用村级资金问题严重；还有部分人认为只是形式上的代管，并没有真正起作用。

（三）农村基层组织资金运动中存在问题分析

农村财务与财政问题研究的主要对象是农村基层组织财务性资金与财政性资金的运行问题，因而农村基层组织的资金运动便是本书分析研究的客体。资金运动一般包括资金的筹集、投放和分配活动，经调查发现，农村资金运动中存在以下问题。

1. 2006 年取消农业税后，村委会筹资渠道单一，可用资金明显减少，有些村委会运转困难

税费改革前，村委会的筹资来源主要有：一是向农民收取的各种提留以及土地承包费、农村教育附加费、计划生育费、优抚费、民兵训练费、乡村道路建设费等；二是向农民收取的教育集资、用于农村的生产和公益事业集资以及各种摊派、罚款和收费；三是为了农村经济发展和公益事业建设向银行、农村信用社借入的有偿使用的各种款项；四是制度外的对“三农”的收费收入。税费改革后，原来的许多不合理的收费项目，如村提留、农村教育集资、屠宰税等被取消，原先村集体从农业税中得到 40% 的返还，用于农村公共产品的供给，农业税取消后，村委会财力明显降低。有的地方，特别是缺乏固定经济来源、以种粮为主业的村委会，连正常工作支出都难以维持，没有资金支持，农村公共事务无人问津。

免除农业税后，除个别有经济基础（有村办企业上缴利润）的行政村外，对于这些没有固定经济来源的村来说，维持其日常开支都比较困难，更别提为村民提供公共产品和公共服务了。这就使乡村两级组织开展正常活动的开支出现很大缺口。

2. 资金来源的有限性和公共产品对农村可用资金的挤用制约了农村基层组织经营资金投资活动的开展

由上面的调查结果可知，税费改革后，农村的可用资金明显减少，在维

持村组织正常开支的同时还要提供大部分农村公共品。当前农村举办的公益事业主要有：村办小学、幼儿园、村道路的修建、田间水利设施的兴修、农村医疗、农村优抚、民兵训练、村中自来水设施建设、植树造林绿化建设、路灯及广播电视信号接收和节假日补贴养老金等。各项公共服务种类繁多，但用于该方面的资金来源却非常少。

对于农村而言，如果把经营资金直接用于财政资金、类财政资金的应用项目，将财务资金与财政资金、类财政资金混合，就会严重侵犯经营资金的经营权，从而带来的结果是：占用农村集体经济组织的经营发展资金，影响村集体经济组织的发展。其对集体经济组织的影响主要表现在：一方面，农村公共产品的供给占用了村集体经济组织的建设、发展资金，使村经济组织不能将资金运用到生产、建设性投资中，不能按照其资金运动规律进行正常的筹资、投资、分配活动，为农村带来直接的经济效益；另一方面，村组织资金的有限性和财政转移性支付的缺损使农村公共品不能及时足额供给，又制约了农村地区经济和社会的发展，因为农村公共品能为经济发展创造有利的客观环境，从而带来间接的经济效益。

3. 村级债务难以化解，影响了村集体经济的发展

村级债务已成为压在村委会身上的一座大山，各种债权债务犬牙交错纠缠在一起，积重难返。从调查情况来看，在调查的 251 个村中，有 104 个村有债务，其中负债额在 10 万元以下的有 48 个村，10 万 ~50 万元的有 41 个村，50 万 ~100 万元的有 8 个村，100 万元以上的还有 7 个村，平均每村负债额达 502573.17 元。

其形成原因很多：其中由原集体经营企业形成的负债占负债总额的 47%，村级公益事业形成的负债占 31%，村组干部垫交的税费提留等占 12%，还有 10% 由其他原因形成的负债。

在调查中发现，村办企业办得比较好的村，债务要少得多，在村办企业发展得比较好的村，因为收入来源相对宽裕，为公共服务和公共产品的供给垫支了部分资金，从而减少了部分债务。但在没有村办企业经济基础比较差的村，由于其收入来源极少，致使村级债务无法偿还，多数村委会要钱没钱，要物没物，有的村三年来一点公益建设、一点农业基础设施建设都没搞，如果基层组织没有足够的资金来履行社会公共职能，将直接影响农村公益事业的发展。

第二节　乡村财务与财政分立的制度设计

农村的基层组织制度建设在农村制度建设中处于基础性地位，它是其他各项基本经营制度发挥功能的必要的组织载体和制度保障。

一、制度设计的理论指导

我们在进行农村财务与财政体制分离的制度建设中要遵循一定的经济理论，只有在理论的指导下设计出来的组织制度才有可行性。

（一）产权理论

产权即财产权利，包括狭义上的所有权、占有权、支配权和使用权，它是以所有权为基础的“权利束”，是交易制度的基础。产权的界定及其所界定出的权力束或集合是与交易费用密切相关的，其派生的成本——收益分析，是理解不同产权安排及其实施运行的关键。凡是稀缺资源本身以及竞争导致的多种多样的使用形式，经由分辨、分割、界定、实施及保护就足以产生净收益，便会有排他性专有产权形式存在的条件，亦即私人产权制度和其他明晰性产权安排的经济学依据。

产权制度是制度集合中最基本、最重要的制度，它包括四个重要理论：交易费用理论，产权的生产效率，产权制度的效率比较和产权制度的演进。产权经济学的中心问题是：只要存在交易费用，产权制度就对生产和资源配置产生影响。在交易费用不为零的时候产权规则是至关重要的。科斯在《社会成本问题》一文中指出：如果市场无交易费用的话，真正有意义的是各方的权利必须给以明确的规定，自发的活动应该易于预测。在零交易费用的世界里，无论财产权如何分配，交易各方都能无费用的讨价还价，直到形成一个有效的解决方案，因此财产权的分配不影响配置效率。

只要交易双方存在着信息不对称或者信息获得有成本，即没有交易费用的“科斯世界”不存在，人们唯一的替代选择就只能通过明晰界定产权来克服外部效应，以期最终实现资源配置的最佳状态和达到利润最大化目标。科斯定理的交易费用为零的假设表面上是在有意回避产权归属何方这一现实经济问题，实质上是要推导出“交易费用”是经济活动中不可避免的基本现象。它的存在表明：任何意义上的经济效率总是与一定的产权安排及其运作形式是相关联的。

资源的稀缺程度及其变化一直影响着产权结构和产权制度的变迁。正如道格拉斯·C. 诺斯所指出的那样，解决史前人类所面临的公有财产的两难困境的办法就是建立排他性的公有产权，资源的稀缺性决定了产权存在的必要性。在村级集体经济组织中，土地一直是作为农村集体所有的，但“集体”所有到底是谁所有一直以来都是理论界争论的难点，现实中对土地的承包、转让、买卖实质上掌握在村委会的几个人员手中，甚至是村主任一人独掌大权。因此对土地这一稀缺性很强的资源给予明晰的产权界定是非常必要的。与土地相并论的还有村集体拥有的其他集体资产，这些资产在现实中都没有得到很好的产权界定。我们应该借税费制度改革的契机，在进行农村财务与财政体制分离的制度设计中，对农村集体所有的资产给予必要的产权界定，将村委会和村集体经济组织各自的资产界定分明，分清哪些是经营性资产，哪些是社会性资产，将村集体的实质代表界定清楚。

（二）新制度经济学理论

“新制度经济学”这个概念是由威廉姆森最早提出的，简单地说，就是利用正统经济理论去分析制度的构成和运行，并去发现这些制度在经济体系运行中的地位和作用。有人认为，新制度经济学是应用现代微观经济学分析去研究制度和制度变迁的产物。把制度作为经济学的研究对象是新制度经济学对正统经济理论的一场革命。经济理论的三大传统柱石是天赋要素、技术和偏好。随着经济研究的深入，人们越来越认识到仅有这三大柱石是不够的。新制度经济学家以强有力的证据向人们表明，制度是经济理论的第四大柱石，制度至关重要。土地、劳动和资本这些要素，有了制度才能发挥功能，才能创造出生产力。制度可以抑制人的机会主义动机，促进长期有效合作。制度能增加逃避义务的风险，增强互利合作的习惯，并为实现合作创造条件。当资源交给市场配置时，市场交易规则不会自然而然地建立起来。由于财产权利、经济主体的信息不对称等原因，进入市场的交易主体地位可能并不平等，这就会产生不等价交换。从这个意义上讲，制度就是为人们在广泛的社会分工中提供合作的基本条件。制度还可以降低交易成本，在新古典经济学中，有效率的市场只有在交易成本为零（或无交易成本）的情况下才存在。只有在无交易成本的情况下，交易者才能忽视制度安排达到总收入的最大化，当交易成本存在时，制度就会起作用，简言之，制度可以降低交易成本。

制度是一个社会中不同利益主体之间进行博弈的基本规则，任何一个社会，随着生产力的发展、生产水平的提高必然要求制度的不断进步。制度通过一系列规则来界定人们的选择空间，规范人们的相互关系，从而减少相互交往环境中的不确定性和交易成本，从而有利于增进合作，促进社会经济的发展。

不同制度安排下的经济绩效是不一样的。同样的投入，由于制度的不同，产出可能会有很大差异。制度促进一国经济发展可以从两个层面分析，一是从宏观层面来看，制度能促进一国经济发展主要表现为一国有效的制度环境及制度安排大大减少了交易中的不确定性，降低了社会经济活动的交易成本。二是从微观层面来看，有效的制度能解决激励和约束两大市场经济中的基本问题。因而选择一种好的、适宜的农村制度，对于农村经济和社会的发展具有重要的意义。

改革开放以来，我国农村生产力的发展取得了举世瞩目的成就，其根本原因是什么呢？经济学家估计，中国由家庭承包责任制取代原来的集体农作制度这一变迁对中国农业生产力的贡献份额在20%~50%，有的学者的估计值甚至高达70%。可见一种好的制度对经济的发展所起的作用是非常巨大的。中国改革开放以来的进程实际上是在寻找一种好制度。所谓好制度，用制度经济学的话讲就是交易成本低的制度。我们在进行农村财务与财政分立的制度设计中，要考虑到交易费用或者是成本费用理论，因为一种组织的存在需要相应的人力、物力成本，如果按当前我国农村现状在各行政村恢复村集体经济组织的应有作用，健全村委会的自治组织性质，两套组织人马同时运行，是需要一笔庞大的开支的，所以我们在相关措施中提到了要继续做好村合并工作。按照交易费用理论，将现有的乡（镇）、村能合并的合并，一方面能减少基层组织的数量，另一方面还可以将各村集体资产汇集起来为合并后的村占用，在资产使用过程中产生规模效应。在合并之后由村集体经济组织负责农村的经济发展，将其拥有的经营性资产投入市场经济的运营中以获得最大的经济利益，村民委员会则负责好社区的稳定，为村民提供必要的公共产品和公共服务。

二、制度设计应遵循的原则

在农村财务与财政体制分立的制度设计中，除了要遵循一定的理论指导外，在建立的过程中还要遵循一定的原则，确保建立的新制度能适应农村经济的发展。

（一）适应性

所谓适应性原则是指我们设计出的制度要与当前农村经济发展形势相适应，与当前进行的各项配套改革相协调，与村组织的发展方向相一致。当前我国农村正处于由传统农业社会向现代工业社会转变的过渡时期，农村小城镇化建设正在进行，随着现代农业的发展，相应的农村组织制度建设也应该开展起来。因而在对农村财务资金与财政资金进行分离后，对村集体经济组织和村民委员会的发展要与其自身的性质相适应，使集体经济组织切实发挥经济实体的作用，代表农民群体参与市场竞争，作为农民在市场经济中的代言人，实现经济效益目标最大化。同时，对于村民委员会则应按照其村民自治组织的非营利性，按照民间非营利组织的方向发展，做好村级公共服务和公益事业的发展，实现财政资金运营的社会效益性。

（二）整体性

农村财务与财政分离之后，对农村各基层组织的制度建设要符合整体性原则，不能与国家现有的各项法律法规相冲突，符合法律中对村民委员组织性质的界定，组成一整套农村发展方面的法规制度体系，为农村经济的发展提供制度保障。

（三）效率性

效率性原则即实效性原则。制度变迁内在机制的构成要素之一是适应效率，有效制度要求为组织提供适应效率。适应效率不同于配置效率，它涉及那些决定经济长期演变的途径，还涉及一个社会获得知识和学习的愿望，引发创新、分担风险、进行各种创造的愿望，以及解决社会长期"瓶颈"的愿望。我们检验一种制度是否有效，首先就要看这种制度是否给组织带来适应效率。在对农村财务与财政体制进行分离后，相关组织制度与财务制度的建设要遵循效率性原则，使建立起来的新制度能够切实有效的发挥作用，真正做到财务资金和财政资金在各自的领域内独立运转，实现经济效益和社会效益的最大化。

三、基层组织制度设计的基本框架

从理论上说，如果村委会兼任集体经济组织代理人，由于各自的利益目标和职能存在差异，可能会出现两种情况：一是经济组织的盈利目标被村民委员会的公共福利目标所取代；二是经济组织的盈利目标取代村民委员会的公共福利目标，最终可能让经济组织承担所有的社会性开支。因而在将农村财务与财政资金分流运行后要建立相应的制度体系，使各基层组织在相应的体系内独立运作。

（一）农村集体经济组织的性质定位与制度安排

1. 农村集体经济组织的演变

农村集体经济组织是代表农村劳动群众行使农村土地所有权的经济组织，是社会主义劳动群众集体所有制的基本组织形式，是农村统分结合的双层经营体制中“统”方经营者。因此，农村集体经济组织并非新生事物，它是社会主义劳动群众集体所有制的产物，并随着农村经济体制的改革而发展变化。

在中华人民共和国成立之初的土地改革时期，废除了封建地主土地占有制度，确立了农民土地所有制，但劳动群众集体所有尚无踪影。这时农村的基本生产、生活单位是个体家庭，无所谓集体经济组织。

在互助组和初级社时期，互助组是在保持土地及其他生产资料私有和各家各户独立经营的基础上，互助组成员之间按照等价交换的原则在劳力、耕畜、农具等方面实行的互助协作。初级社是互助组的进一步发展，它的特点是社员的土地、农具等统一作股入社，在土地等生产资料保持私有的基础上合作统一经营，收入分配实行按劳、按股相结合的办法。社员入社自愿，退社自由。社员退社时可带走其所有的生产资料，如土地、农具等。很显然，基于生产资料私有而达成的生产合作组织还不是现在意义上的完全按劳分配的农村集体经济组织。

1955 年后，高级合作社迅猛兴起。在高级合作社中，入社的土地等生产资料一律由农民所有转归合作社全体社员集体所有，并取消土地报酬。耕畜、大型农具等主要生产资料也转为合作社集体所有，但要按当地的正常价格分期付给农民，收入全面实行按劳分配。到 1957 年，全国参加高级社的农户达到 96%。至此，土地等主要生产资料的农村劳动群众集体所有制基本形成，从中我们已经隐约看到了“农村集体经济组织”的雏形。

随着 1958 年的人民公社化运动，高级合作社很快发展为工、农、商、学、兵相结合的人民公社。人民公社是一个集政治、经济、社会、文化功能于一身的组织体系，它兼具基层行政管理和社会生产管理的双重功能。公社对基层乡村实行统一领导分级管理。农民的生产劳动、政治活动、文化活动等均由人民公社实行集中统一领导。这种集体经济制度一直延续到农村改革之前。

20 世纪 70 年代末 80 年代初，以家庭联产承包责任制为内容的农村改革动摇了人民公社制度的基础，使人民公社制度名存实亡。1983 年实施的政社分立改革则使人民公社全面走向解体。原有的生产大队、生产队在完成了家庭联产承包责任制的启动工作后，大多数随着村民自治组织的普遍设立而逐步瓦解，相应的村集体经济组织的职能也被村民委员会代为行使。

2. 农村集体经济组织独立运行的必要性

农村集体经济组织独立运行是完善双层经营体制的需要。农村集体经济组织实行家庭承包经营为基础、统分结合的双层经营体制，家庭承包经营与双层经营都是以农村集体经济组织作为组织依托的。但在有的地方，由于集体经济组织解体，集体经济主体缺位，家庭承包经营失去了集体经济组织的依托，统分结合也成了有分无统。目前许多地方采取由村民自治组织代行农村集体经济组织职能的做法实现双层经营。但由于两者性质和组织目标上的差异，村民自治组织不但无力承担统一经营的职责，而且使农村经济涉嫌宏观层面上的政企不分之重症。

农村集体经济组织是农村劳动群众集体所有制的组织依托。如同全民所有制要通过国家所有的形式体现和运作一样，特定范围内的劳动群众集体所有制也要依托组织所有的形式体现并运作。农村集体经济组织正是农村劳动群众集体所有制赖以实现的组织形式。只要集体所有制不变、宪法不变，农村集体经济组织存在的必要性就不容置疑。

重组农村集体经济组织是发展农村集体经济的需要。农村集体经济是农村社会主义公有制经济最基本的单元，要壮大农村集体经济首先要重组或完善农村集体经济的组织体系，落实农村集体经济组织代表劳动群众享有的集体土地所有权、集体财产所有权、经济管理权、统一经营权等。否则，没有农村集体经济组织也就没有农村集体经济的发展。

（二）农村集体经济组织的相关制度建设

农村经济组织建设及其制度安排是我国农业和农村经济制度依存的组织基础，它是确保农业产业化战略的落实，以及其他各项农业基本经营制度发挥功能的必要的组织载体和制度保障。

1. 组织制度建设

没有合理的组织制度，农民权益便没有保障，应该将农村集体经济组织独立运转起来，使其在岗位上发挥应有的作用，发挥农村集体经济组织在农村经济发展上的宏观指导和规范控制作用。

2. 法规制度建设

要使村集体经济组织恢复活力，成为带领农民进入市场的得力组织载体，必须在法律上对其法律形态予以明确，使其有规范的制度设计、清晰的产权、明确的责任形式和规范的运作机制。在市场经济体制下，各类市场主体都必须有自己的组织，农民也不例外，因而可以以法人制度来构建农村集体经济组织，使其具有独立的法人地位，成为可以与其他市场主体相竞争的、可以替农民说话的独立的民事主体。

3. 会计制度建设

对于带动农村经济发展的主要组织——农村集体经济组织，在彻底收回其经济职能后，应执行相关会计制度和会计准则，全面核算、反映村集体经济组织经营活动和社区管理的财务收支，将有限的资金用到发展经济建设中，做好村务公开和民主管理，加强村集体经济组织的会计工作，规范村集体经济组织的会计核算。根据村委会与村集体经济组织职能的不同，分别建立相适应的会计制度，使其按各自的事权分配资金，这对于规范农村财务收支状况具有重要的意义。

四、村民委员会的性质定位与制度安排

（一）村民委员会的发展趋势

《中华人民共和国村民委员会组织法》对村民委员会的职能作了明确的定义："村民委员会是村民自我管理、自我教育、自我服务的基层群众性自治组织，实行民主选举、民主决策、民主管理、民主监督。村民委员会办理本村的公共事务和公益事业，调解民间纠纷，协助维护社会治安，向人民政府反映村民的意见、要求和提出建议。村民委员会向村民会议、村民代表会议负责并报告工作。"

《中华人民共和国宪法》对村民委员会的职能进行了规定："居民委员会、村民委员会设人民调解、治安保卫、公共卫生等委员会，办理本居住地区的公共事务和公益事业，调解民间纠纷，协助维护社会治安，并且向人民政府反映群众的意见、要求和提出建议。"由此可见，村民委员会作为农村基层群众性自治组织，其主要职能应该是自治职能，即村民自我管理、自我教育和自我服务，办理本村的公共事务和公益事业。当然，由于它还要协助乡镇政府完成一定的行政任务，因此也要履行一定的行政职能。但是在村民自治的运作中，有的村民委员会的自治职能却让位于行政职能和经济职能，使村民委员会的自治职能发生了异化。有些地方的村民委员会把完成乡镇政府的行政任务当成自己的主要工作，还有一些村民委员会把自己的主要精力用于直接参与、从事经济活动。毫无疑问，发展本村的经济、管理村集体的资产是村民委员会的职责，也是村民委员会自治职能的组成部分，但村民委员会是一个自治组织而不是一个生产经营组织，其主要职能是管理农村社区内的公共事务和公益事业，即农村公共品的供给，实际上主要是如何筹钱、如何花钱为老百姓办事，而不应是如何挣钱。

综上所述，村民委员会具有如下特征：一是基层性，它履行着乡镇政府派出机构的职能，但其性质不属于派出机构。它不是一级政权，而是设在村民居住地区的基层组织，是乡、镇政权之下的基层组织。二是群众性，即它是群众自治组织，村民委员会的成员是全体村民。三是非营利性。村委会的职能为：村级集体财产的管理和公益事业、公共事务的管理，即公共品的供给。村委会的最终目标是满足村民的社会性需要，不是追求利润或利润等价物。因此，村委会具有非营利性。四是自治性。自治性是指该组织在法律规定的范围内拥有一定的自主权和自决权，即有在法律、法规规定的范围内对本居住区的公共事务和公益事业拥有自治权，村民通过村民委员会这一组织形式，对关系自身利益的公共事务和公益事业，行使自己当家作主的民主权利，实行自我管理、自我教育和自我服务，积极参与居住区的各项事务的管理和建设。五是组织性。村民委会开展工作要依据一定的章程、法律、原则；遵守设立、撤销及范围调整的程序；村委会的人员组成、选举要求和具体方法以及村委会向村民会议报告工作等的要求都有规定。这充分说明了村委会有成文的章程、制度及固定的组织形式和人员，是具有严格的组织性的。

因此把村民委员会定位于非营利组织，首先，可以理顺村民委员会与村集体经济组织的关系；其次，可以缓解乡村债务危机，村委会作为一个非营利的社区组织，不应涉足经济活动，所以在一定程度上有利于解决“社”“企”分开的问题；最后，作为一个群众性自治组织，从理论上讲，村委会是村民自下而上选举产生的，其经费也来自村民，自当对下负责，主要任务在于办理社区公益事业。

（二）村民委员会的相关制度建设

村民委员会职能与村集体经济组织职能彻底分开后，为了使财务资金和财政资金更好地运转，应在各基层组织内部加强相应的制度建设，主要包括以下几方面。

1. 组织制度建设

通过前面对村民委员会特征的分析，可以看出，对负责社区管理的村委会，按照其自治性和服务性等性质，我们可以引导其向着民间非营利组织的方向发展。

首先，从村民委员会和非营利组织的概念上看。非营利组织可以解释为：以服务大众为宗旨，而不是营利为目的，具有志愿性和自治性的正式组织。村民委员会是一个群众性自治组织，而且是一个主要办理本村的公共事务和公益事业、调解民间纠纷的组织。由此可见，村民委员会应该是一种非营利组织，而且村民委员会作为一种非营利组织具有它自身固有的一些特点。

其次，从村民委员会和非营利组织的特征上看。一般来说，非营利组织的特征可概括为组织性、非政府性、非营利性、自治性和志愿性。而村民委员会也具有基层性、群众性、非营利性、自治性、组织性，所以村民委员会可以被界定为一种非营利组织。

2. 法规制度建设

我国在宪法和村民委员会组织法中已经对村民委员会的性质作了明确规定。根据《中华人民共和国宪法》规定："城市和农村按居民居住地区设立的居民委员会或者村民委员会是基层群众性自治组织。"《中华人民共和国村民委员会组织法》第八条第三款："村民委员会应当尊重并支持集体经济组织依法独立进行经济活动的自主权，维护以家庭承包经营为基础、统分结合的双层经营体制，保障集体经济组织和村民、承包经营户、联户或者合伙的合法的财产权和其他合法权益。"可见，建立村民委员会已经具备一定的法律基础，现在需要做的是制定明确村民委员会与村集体经济组织职能上相分离、工作中相监督的法规制度，以利于其在各自的领域内更好地开展工作。

3. 会计制度建设

对负责社区管理的村委会，按照其自治性和服务性等特征，将其定位在民间非营利组织发展方向的基础上，来研究其资金管理有其必要性。其承担农村公益事业、公共服务的收入与支出项目则可按照《民间非营利组织会计制度》的规定来执行，也具有一定的可行性。根据 2004 年 8 月颁布的《民间非营利组织会计制度》第一章第二条，该会计制度适应于具有以下特征的民间非营利组织：该组织不以营利为宗旨和目的；资源提供者向该组织投入资源不取得经济回报；资源提供者不享有该组织的所有权。

从上述对村民委员会发展趋势的分析来看，完全符合民间非营利组织的特征，为此我们在村民委员会的会计制度建设中，可以借鉴《民间非营利组织会计制度》和事业单位的预算会计制度中的相关规定来核算村委会的会计事项。村民委员会的业务活动主要是向村民提供农村公共服务与公益事业的收入与支出项目。若使村民委员会朝着民间非营利组织的方向发展，则其在运行过程中，相关资金的筹集、使用和分配就应该按照民间非营利组织的资金运营方式来进行。

第三节　乡村财务与财政分立制度的运作措施

一、加强农村基层组织建设

这里提到的组织建设主要是指经济组织和社区组织建设，即增强村级集体经济组织的经济带动功能和村民委员会的社区服务职能，鼓励和引导农民发展各类专业合作经济组织，提高农业的组织化程度。

可见农民利益得以保障的核心问题是要解决农民的组织化问题，农民组织化是农民与任何社会群体和市场主体打交道、维护自身权益所必需的工具，是不可或缺的。

在将农村的财务资金与财政资金分离开来之后，要重新恢复农村集体经济组织的职能，根据各地市情况将相邻的镇村进行合并后，按照合并后的村进行集体经济组织制度的建设，以节约交易成本，以村集体经济组织带动农村产业的发展，成为农民这个利益群体在市场等各种竞争环境中的代言人，按照市场的原则运营财务资金，实现经济效益的最大化。对于村民委员会，由于其既不是行政机构又不是经济组织，却承担着政府性的责任，因而应按照其组织性质和行使的职能，引导其朝着民间非营利组织的方向发展，为农村公共服务和公益事业的发展做出贡献。

二、将农村财务资金与财政基金分流运行

由本金与基金分流理论我们知道，本金与基金的物质内容、运动规律和体现的经济关系不同，因而在宏观经济运行中应做到分流运行，不搞国家统管。本金与基金的分流运行，是指二者从管理的主体、目标、原则和方法上应严格加以区分，做到本金与基金的管理主体分开、管理目标分清、管理原则分明、管理方法分用。反映在农村这个微观层面上，本金是指用于村集体经济发展所需要的积累资金，这部分资金主要用于农村的生产经营活动和扩大再生产，具有循环周转性和增值性；基金则是指村民委员会为实现其类行政职能筹集的用于农村社会行政管理和农村各项公益事业发展所需要的资金，在宏观层面上，这部分资金主要是指财政资金，从这和意义上讲，用于农村社会管理和公共服务的基金具有财政的性质，因而在运行过程中有分离

的必要。具体讲有以下几点：

本金与基金的管理主体分开。本金管理从性质上属于对生产经营要素的价值管理，是生产资料所有者与经营者的管理职能，其管理主体应是各类从事生产经营活动的经济组织，在农村即指农村集体经济组织；基金管理从性质上看属于对社会消费资料的价值管理，在农村表现为社会行政管理者与公共事务管理的职能，其管理主体是从事社会行政与事业管理的单位——村民委员会。因此从事生产经营活动的农村集体经济组织与从事行政管理的村民委员会要分开，改变二者合一的状态。

本金与基金的管理目标分清。在农村，本金管理的目标是以一定的本金投入取得更多的经济效益，即一般所说的追求本金增值。因此对从事生产经营活动的集体经济组织，应在遵守国家法规的前提下搞好本金运营，不断提高经济效益，而不能强迫他们牺牲经济效益而去从事某些社会公益事业。基金管理的目标是以一定的基金支出履行更多的社会责任，即追求社会效益的目标。从而使农村集体经济组织的盈利性目标与村民委员会公共福利目标、代行的行政管理目标相区分。

本金与基金的管理原则分明。本金运动循环周转规律，要求资本管理贯彻有偿使用原则，即资本的投入必须以未来的收入进行补偿，并带来增值。基金运动一次性收支规律，要求对基金管理贯彻有效使用，无须偿还原则。因此，农村集体经济组织的财务资金要独立运行，专门用于农村经济发展，不准挤占用于财政支出；村民委员会的基金收支则应严格纳入村级预算管理，加强监督，不许挪作资本。

本金与基金的管理方法分用。对农村中本金与基金的管理具体表现为农村集体经济组织和村民委员会的财务管理方法，如农村集体经济组织在彻底收回其经济管理职能后要按照相应的规章、制度管理财务，村民委员会则应根据其非营利组织的性质，执行适用的会计制度，按照收支预算对基金的使用进行管理。

三、明晰集体资产产权，深化农村产权制度改革

农村集体资产是指法律规定属于乡（镇）、村、生产队集体经济组织全体成员集体所有和农村集体企业中属于劳动群众集体所有的资产。农村集体资产是广大农民原始投入和多年来辛勤劳动积累的成果，是发展农村经济和实现农民共同富裕的重要物质基础。本书所指的农村集体资产主要是指属于村级所有的各种资源性资产、经营性资产和非经营性资产。农村集体资产所有权受国家法律保护，任何单位和个人不得侵占、平调、挪用。要明确集体资产和国有资产以及各集体经济组织资产之间的界限。对农村集体资产的管理不能简单套用国有资产的管理办法，也不能简单套用企业资产的管理办法。

在村民委员会与村集体经济组织职能彻底分离后，相应的资产产权也要予以明晰。凡属于农村经营性资产，包括社区合作经济组织直接经营和所属企业及发包给承包单位使用的固定资产、长期投资、流动资产、递延资产、无形资产和其他资产等，应划归农村集体经济组织所有；凡属于农村非经营性资产，包括社区合作经济组织使用和被行政机关、团体、事业单位占用的房屋、构筑物、交通工具、土地及办公、文化、体育、保健设施等，则应划归村民委员会所有，使各类资产在相应的领域内发挥作用。对农村集体资产的界定应遵循以下原则：谁投资、谁所有、谁受益的原则；尊重历史、平等协商和有利监管的原则；维护农村集体资产的完整性，有利于促进农村集体经济的改革与发展的原则；保障各类投资者和劳动群众的合法权益，有利于

促进多种所有制经济共同发展的原则。

四、健全有关法律法规提供法律保障，同时加强监管

从宏观层面讲，在推进农村基层组织的建设中，首先要遵守已出台的《中华人民共和国宪法》《中华人民共和国农业法》《中华人民共和国村民委员会组织法》等法律中对农村相关内容的规定，同时按照财务与财政分立的要求，将农村财务与财政资金分别按照《村集体经济组织会计制度》《民间非营利组织会计制度》中规定的运作方式运行，但要对其中相关内容作一修正，比如，对于由村委会代行集体经济组织职能的村，在重新恢复其经济组织职能时，要在两个会计制度中结合村委会和集体经济组织的发展趋势对相关内容进行完善。此外，还可以参照《中华人民共和国城市居民委员会组织法》的相关规定完善《中华人民共和国村民委员会组织法》，使农村居民像城市居民一样享受各种应有的服务。特别是居住在城市边缘、土地已被征用的失地农民，在加强小城镇建设的同时，更要做好他们与城市相衔接的工作。

从微观层面来看，要做到以下几点：

健全经济发展环境。经济发展环境是制约村委会筹资进展顺利与否的一个重要的制约因素，因此，村委会在实际工作中，应着重建立健全经济发展保护环境，切实改善农村的政治环境、法治环境、社会环境，营造良好的社会氛围，迎来农村发展的良好和健康的局面，为村委会的筹资工作在一定程度上扫清了障碍。

继续执行村财乡管制度。在一定程度上，乡镇代管对规范农村财务管理、减轻农民负担、发展壮大农村经济、维护农村社会稳定起到了积极作

用。税费改革后村财乡管不但不应该取消，还应进一步加强，要把村委会筹集到的各项资金纳入代管范围，并不断改进完善管理办法。

明确职责，划清界限，加强监督。税费改革后，村委会首先要加强审计监督，对村级年初预算、年终结算要严格把关，对任何项目的收支都进行严格的考察，对资金的发放、使用、到期及回收情况进行全面的监督管理，规范资金的收取和使用。其次，要加大信息的透明化、法制化和公开度，建立公开责任制度和村民理财制度，对农民比较关心的筹资、合同承包、土地变更等支出进行及时全面地公开，实现对村级财务有效的监督。同时，村委会还应当强化会计监督，推行会计委托代理制，通过多种方式公开招聘财会人员，建立健全民主理财制度，对重大的审计评估还应通过社会中介机构来进行。最后，还应发挥政府监督的职能作用，推行由农业行政主管部门、财政部门、审计部门等代表政府对农村的财务收支、资金使用情况的定期的审计制度。

五、进行农村基层组织建设必须同时做好的工作

在农村财务与财政体制分离的制度设计中，除了要做好村集体经济组织和村民委员会内部各组织体系建设外，还要加强相关配套改革，主要包括以下六个方面。

（一）做好村合并工作

如果依现有乡村布局和人口分布实现公共财政覆盖农村，按照前面制度设计的方案进行规划，不仅需要庞大的财政支出，还需要很高的组织成本和投入成本。同时，如果依现有乡村布局和人口分布实现公共财政覆盖农村还会造成公共财政资源的浪费和配置失效，因而随着城市化水平的提高，一些村庄和乡镇将会合并，从而减少行政村数量，使基层组织健全的同时不会因

此增加过高的组织成本，真正实现减员增效的作用。从日本的“并村运动”和韩国的“新农村运动”实践看，即使在人口密度大于中国的日韩两国，农村人口的相应集中和居住乡村的适当合并，对于公共财政覆盖农村和公共财政资源有效配置也是必要的前提。所以应该按照工业化、城市化进程的客观要求，加快撤乡并镇步伐，实行并村联组，调整现行乡（镇）村布局。要研究制定乡（镇）村布局调整的总体规划，按照各地不同的具体情况，因地制宜地确定乡镇、村落的减留对象、数量、规模以及未来村镇的分布、间距、位置等。

（二）加快公共财政体制改革，提高对农村的财政转移支付力度

农村是社会的一个组成部分，和城市相比，只是分布区域和功能不同，并没有地位上的高低，因而公共财政的阳光也应该照到农村。另外，村级组织承担着贯彻党和国家方针政策甚至政府的某些行政职能，并不只是为村民谋利益，因此其运转费用由财政给予补贴也是合情合理的。现在的关键问题是如何建立一种有效的制度确保农村公共物品的适时适量供给，如何使财政入不敷出的地区也能够有相应的财力维持乡村政权的正常运转及各种公共品最起码的供给水平。这样现实的矛盾就是如何通过建立政府财政转移支付制度使低财政收入的乡镇及村组织实现财政财务的收支平衡。

为此应调整财政支农资金的使用方向，更多地转向农村公共产品的供应上。目前财政支农资金的渠道很多，多用于直接农业生产的支持。国家应将各种支农资金加以整合，或归口国务院农业资金管理委员会统一协调使用，并将支农资金的使用方向由过去用于农业生产转向增加农村公共产品的供应。如增加对农田水利设施建设和维护、农业科技推广、农村公共医疗卫生设施和队伍的建设、农村贫困群体的社会救助、农村供电和道路的维护等方面的投入，真正解除农民的后顾之忧，促进农民生产和生活环境不断优化，从根本上改变农村的面貌。

（三）推进农村公共品融资体制改革

农村公共品融资是我国农村财务管理面临的重要问题，如何建立起一种有效的农村公共品融资制度，是一项重大课题。

政府在公共服务领域介入的主要原因在于市场失灵和对公平问题的考虑。作为公共服务供给的干预者，政府必须着眼于全体公民、全部社区，使农村居民与城市居民一样享有相同的发展权和生存权，承担起农村社区最起码的公共品供给。农村公共品融资和运营应采用多种形式：对于那些公共程度较高的公共品，如国防开支、大型农业基础设施建设、农业基础科学研究、义务教育等全国性的农村“纯公共品”的融资和运营应直接纳入国家公共财政范围；那些专为特定村村民享用的公共品，如农村道路建设、农村医疗及自来水供养等，则可采用村民自筹资金的方式或按市场化方式筹资，引入市场机制按完全市场化方式运营；对那些虽然只是面对特定村的村民但需要资金数额较大又是急需提供的公共品，可采用农民自筹、社会投资、政府补助相结合的形式筹资。具体采用哪种形式，可根据公共品的性质、所需资金额度等加以确定。

在这个过程中要充分发挥村民委员会的组织优势，主动承担起农村公共产品的供给责任，除了向政府申请补助收入外，应广泛吸取社会上的闲散资金，动员一些经济组织、村里的能人为本村公益事业进行适量捐赠，此外也要利用自身优势，开展一些创收项目，将获得的服务收入用在为农民提供生活福利方面，调动他们的积极性，从而也可以为下一步开展工作打下良好的群众基础。积极探索新形势下开展农田水利建设和兴办其他农村公益事业的新机制、新办法。严格区分加重农民负担与农民自愿投工投劳改善自己生产生活条件的政策界限，进一步完善“一事一议”制度，在切实加强民主决策和民主管理的前提下，本着自愿互利、注重实效、控制标准、严格规范的原则，引导农民开展直接受益的基础设施建设和发展公益事业。要积极探索政府资助的激励机制和奖励办法，鼓励农民兴办农村公益事业。

（四）完善政府公共财政体制，理顺农村的公共分配关系

按照市场经济要求构建公共财政基本框架，是当前财政分配体制改革的中心任务。在农村推行的税费改革就是要以公共财政理论为指导，建立以税收为主导的农村财政收入分配机制，农村公共产品由政府公共财政支出，建立符合市场经济要求的农村公共财政运行机制，从法律和制度上规范国家与农民的分配关系。

应当按照公共财政的要求设计政府制度和政府行为，从根本上打破城乡分割的二元公共分配关系，把农民也纳入公共需要的范畴，改变他们在社会公共分配领域的弱势地位，从而增强现行分配制度的合理性、公平性及规范性。只有把农村人口纳入公共财政的框架，公共财政制度才是完整的真正意义上的公共财政制度。

当然公共财政和我国生产建设性财政差距很大，要在短时间内转变根深蒂固的观念和重新设计、运作一个全新的制度绝非易事，那可能需要一段很长的时间，从某种意义上讲，公共财政的有效实现，必须借鉴有关市场失灵和公共财政的理论，还有赖于政府制度和政府行为的根本转变。

（五）转移消化农村债务

随着农业税的取消和中央各项惠农措施的落实，农村经济社会发展已呈现新的发展势头。但是，制约“三农”发展的深层次矛盾和问题尚未彻底根除，化解农村债务尤其是村级债务已成为“三农”问题的迫切任务之一。

村级债务难以化解，根本原因在于归还债务的资金来源没有落实。因而关键问题还是要解决偿还资金的来源。所以政府各部门应根据具体情况，在摸清农村债务数量、类别的基础上，给以适当照顾由财政出资。对于那些由于政府公共物品供给缺位和政策体制造成的，应由中央、省、市各级政府在合理调整国民收入分配结构和政策中加大转移支付力度，为该部分债务买单；同时，加大城市支农、以工补农力度，通过加大对农业基础设施、农技推广体系的投入，促进农村经济发展，积累还债能力；对盲目办企业、盲目进行农业产业结构调整所形成的债务，应先落实责任主体，即由哪级政府作出的决策由哪级政府承担责任，但要防止上级向下级转移债务，并建立相应的监督落实机制。

（六）统筹城乡发展

“城乡统筹”是指统筹城乡经济和社会发展，不仅指财政方面，而是指整个国民经济的发展方面如何做到城乡统筹，包括财税制方面的城乡统筹及财政对农村的转移支付的统筹。统筹城乡发展改变了传统的就农业论农业、就农村论农村的弊端，站在战略和全局的高度提出了解决“三农”问题的新思路。统筹城乡社会经济发展是一项巨大的系统工程，涉及社会经济生活的各个方面，其核心是改变城乡二元结构，建立平等和谐的城乡关系。这里面包括本文研究的农村财务资金与财政资金分流运行，它是与宏观体制改革相适应的城乡统筹发展的重要内容之一。

第十章　乡村振兴背景下乡村财务人员的职业道德建设

和谐社会的主旨就是希望构建一个共同发展、共同富裕的社会，因此城市与乡村应该共同前进、共同进步，所以在城市已经得到较好发展的同时，乡村建设应该成为我国现在工作的重点，现在以及将来相当长的一段时间内都需要常抓不懈，对于发展而言首先看经济，乡村经济的发展一是看经济实体，再有就是需要有一个稳定高效的经济管理模式。乡村财务人员由于其特殊性，面临着许多不同于其他财务人员的特殊情况，所以不论是体制的改革还是政策的实施，都要结合乡村财务人员的具体情况。

职业道德是指从事一定职业的人们在其职业活动中应当遵循的行为规范和准则，职业道德是社会成员从事职业活动的内在动力。职业道德在社会道德中占有特殊地位，因为职业活动是人类生存发展之最基本的活动，离开职业活动人类无法存在。财务人员的职业道德是衡量一个财务人员工作合格与否的重要标准，它不仅体现在财务人员的业务水平上，更强调了财务人员的主观意识具备的道德修养。纵观现阶段乡村财政体制改革，财务模式逐渐正规化，人员培养有条不紊地进行着，各项规章制度也在不断加以补充和完善，但是现阶段乡村财务人员的职业道德建设还相对落后，亟须加强这方面的教育，因为乡村财务人员的职业道德对于乡村财政起到了举足轻重的作用，所以只有重视并加强乡村财务人员的职业道德建设，才能真正做好乡村财务事业。

在现阶段乡村财务人员包括从事乡村财务收支、运营等一系列的参与人员，如报账员、出纳、会计、审计人员等，他们之中任何一个人如果在工作过程中出现了差错，都有可能造成整个财务链条的断裂，从而影响最后财务运行结果的偏差。乡村财务人员所服务的对象是广大农民，农民由于其自身条件的限制，对于财务管理及其规章制度并不是特别理解，这就需要乡村财务人员自身业务素质及职业道德水平的到位，所以我们要清醒地认识到对于我们这样一个农业大国来说，乡村财务人员其工作的好坏直接影响了我国基础经济的前进步伐。

但是，在目前的市场经济条件下，作为和乡村经济生活密切相关、对乡村发展有重大影响的乡村财务人员来说，可能由于受外在因素、利益驱动及其他因素的影响，出现一系列财务舞弊欺诈案件以及与之相连的审计失败事件。我们知道，乡村财务管理是保证乡村经济迅速发展的重要环节，乡村财务管理出现问题将直接影响到“三农”的现代化进程，乡村财务人员由于其特殊性，存在不同于其他财务人员的职业风险。要预防这种职业风险，从制度上进行改进是一种有效方式，但为了防患于未然，更应该进行职业道德教育，加强财务人员伦理道德建设，建立健全财务人员职业道德教育体系，建立和完善道德奖惩机制以及建立健全道德监管评价机制，培养他们养成良好的职业品德，这样才能从根本上降低乡村财务人员的职业道德风险。众所周知，职业道德与职业密切相关，不同的职业会直接导致其职业道德各不相同。不同的职业具备不同的权利、责任、利益和义务，会造成人们不同的职业良心，影响着人们的兴趣、喜好和行为方式，也直接影响着人们的道德信念以及道德标准，进而影响到从业者不同的职业道德。职业道德就是同人们的职业活动紧密联系的，具有自身职业特征的道德准则、规范的总和。同时，职业道德是人的道德，离开了对人性问题的研究，道德就会缺乏主体基础。人性教育作为当代教育的一种理念，强调教育要素、教育教学过程必须符合而不是违背人类本性，因此对于乡村财务人员的职业道德教育也要从其自身特点入手，要制定符合他们特征的职业道德体系。

本章首先对乡村财务模式的现状进行全面的分析，包括对其历史、运作模式、外部环境、优缺点等进行阐述，从而发现一些乡村财务模式及其人员存在的一些问题，然后就这些问题进行因素分析，找出其中的主要矛盾在于缺乏乡村财务人员的职业道德的培养和重视，最后根据分析出的因素，通过外部环境和内部约束共同作用，实现自律和他律的统一，以达到改善乡村财务人员职业道德的目的。

第一节　乡村财务人员现状分析

乡村财务人员掌控着集体的货币资产，管理着农民的钱，由于一些农民文化水平不高，相关制度还不完善，所以他们很难自己察觉账目管理上存在的问题，乡村财务人员将大量的资金掌握在手中，这笔资金的运用和管理的安全性、规范化，也就显得尤为重要。如何做到真正的取之于民、用之于民，与乡村财务人员的业务素质、职业道德密切相关。通过对于现在乡村财务的现状进行分析，我们了解到现阶段的乡村财务人员经历了一系列乡村财务模式改革，其自身仍然具有尚待完善的地方，这就需要对其所处的财务管理模式以及环境进行一个比较客观的现状分析。

一、乡村财务的一般运作模式

乡村财务人员是乡村经济的基层管理人员，这里所讲的财务人员主要包括两大类。一类是会计，“所谓会计就是指是以货币为主要计量单位，以提高经济效益为主要目标，运用专门方法对企业、机关、事业单位和其他组织的经济活动进行全面、综合、连续、系统地核算和监督，提供会计信息，并随着社会经济的日益发展，逐步开展预测、决策、控制和分析的一种经济管理活动，是经济管理活动的重要组成部分”，其从业人员也称为会计。会计在古代也就是我们在电视剧中所看到的账房先生，当然会计这个职业随着历史的发展，其工作也由从过去的仅提供财务数据的“报账型”转变为更重于利用理财信息来帮助高层管理者预测、运筹的“经营型”。另一类乡村财务人员是出纳，出纳是按照有关规定和制度，办理本单位的现金收付、银行结算及有关账务，保管库存现金、有价证券、财务印章及有关票据等工作的总称，其从业人员称为出纳。跟会计有所区别，出纳主要是管理现金，是为了防止管理账务的人直接接触到现金。还有报账员，报账员由通过民主程序产生的村民担任，主要负责村级收入、支出原始凭证的收集整理，村级备用金的领取、保管和定期向代理服务机构报账，报账员产生后应及时向代理服务机构备案，并积极参加财政部门组织的业务培训，经考核合格，具备相应的政策水平和报账业务技能后方可上岗。现在我国的乡村财务人员主要从事的还是最基本的财务管理活动。从账务流程上看，财务管理活动主要有：首先从出纳那里转过来各种原始凭证（例如收据、进账单、发票等）进行分类，然后根据记账方法做出凭证，即做账。这一流程可以是一天一转，也可以是隔几天转一次；将所做的凭证登记明细账和科目汇总表，做到账账相符。这一流程根据凭证做完的日期，一般是直接登入明细账，隔几日再登科目汇总表，到月底，再根据科目汇总表做出总账出报表，包括损益表、现金流量表、资产负债表。

二、乡村财务体制的衍变及现状

我国乡村财务的运行总体来讲是处于稳步上升的阶段，财务体制的衍变也在有条不紊地进行，2010 年 2 月，中纪委、财政部、农业部、民政部四部委联合发布了《关于进一步加强村级会计委托代理服务工作指导意见的通知》(财会〔2010〕4 号)，可以说是一次村级财务管理的重大变革。该通知指出村级会计委托代理服务工作量大，涉及面广，关系到乡村集体经济组织和广大农民群众的切身利益，各级政府部门要积极加强联系，协调配合，相互促进，实现资源整合，既要发挥自身的优势，又要统筹协调推进，切实增强对村级会计委托代理机构的检查、指导和监督，不断提高代理服务工作水平。

(一)乡村财务体制的衍变历史

乡村财务管理是保证乡村经济迅速发展的重要环节，乡村财务管理出现问题将直接影响到“三农”的现代化进程，所以对于乡村财务管理应给予充分的重视。中央有关部门近些年来对于村级财务管理模式进行了很多有益的探索，乡村集体财务管理模式也先后经历了村财村管、村财乡管以及村级会计委托代理制。这三种乡村财务体制都是适应当时的物质条件及客观环境而产生的，其中村财村管是指村集体的财务由村委会自己控制收支，是一个独立的经济体，在这种方式下乡村财务人员直接归属于村委会，各项收入和费用也由村委会负责，这种方式有利于增加村集体财务管理的灵活性，有账务往来可以直接处理，具有较高的效率。但是缺点也是显而易见的，由于缺乏外界的监管，其透明度不高，极易出现一些违规的财务问题。而“村财乡管是指村集体资产的调配从属于上一级乡镇，村集体所需的资金以及往来账务的监督都由乡镇来完成，这样就降低了村委会产生财务问题的风险，保障了乡村财政的安全，但是同时我们也应清醒地认识到，这种由上级控制财务的管理模式，极大地束缚了村集体经济发展的步伐，增加了账务的流程”。村级会计委托代理的主要内容是村民委员会委托乡镇村级会计核算服务中心代建账、记账、管账，所谓“委托代理”从经济学角度讲是一种契约，在这种契约下，一个人或一些人（委托人）授权另一个人或一些人（代理人）为他们的利益从事某项活动，并相应授予代理人某项决策权，而代理人通过代理行为获取一定的报酬。“其实不论哪种形式上的财务管理模式，乡村财务管理关系实质上是乡村理财环境中的人际关系，它要求财务人员既要处理好与村干部的关系，又要处理好与村民之间的关系”，还要树立良好的工作作风，这样才能从根本上做好村级财务工作。

（二）村级会计委托代理制的优点及缺点

村级会计委托代理制有其自身的优点，一方面它规范了会计的基础工作、统一记账的方法、规范会计账簿及科目的设置，另一方面强化了村级财务档案管理乡村会计服务中心，按照“一村一柜”的要求，建立了村级财务档案室，对村级财务资料统一装订、立卷归档、集中保管，确保了村级财务档案的安全和完整。乡村财务管理电算化实行会计代理后，克服了村级在资金、设备、技术等方面限制实行财务电算化的不利因素，乡村会计服务中心配套了计算机等设备，实现了村级财务电算化，同时提高了会计处理的效率，更利于统筹规划，这样可以用集体的智慧去解决乡村财务管理中的问题，特别是在制度不健全，运作不规范的情况下，类似于村级会计委托代理中心这样的中介组织能够充分利用其人才优势，建立起一套高效、稳定的适应其乡村财务自身发展的运作模式，使乡村财务管理工作正常化，同时有效利用会计核算与会计监督的职能，保证了乡村财务人员在村级会计委托代理中心的独立性，从而提高乡村的财务管理水平。这样，既可以解决现有村级财务管理模式中村级组织决策程序不科学的问题，又可以解决村民因专业知识和信息不对称等因素很难对村级财务进行有效监督的难题，从而提高村级集体经济运行的质量和经济发展的速度，并降低管理风险。

随之也会产生一些隐患，当村级会计统一到委托代理中心，相应的代理人的权力也随之增大。他们所面临的外部环境的变化也会影响到自身的业务水平的发挥，另外，在村级会计委托代理制下，出现了村组织报账员到乡镇会计代理中心这一环节，这也就使得信息失真的风险增大了。同时委托代理中心审核把关不严、村级民主理财监督小组监督作用没有得到充分发挥、会计委托代理对村级财务活动的监督基本上是事后监督，随着财务管理的集中，其所拥有的权限也会增大，相应地也会增加财会人员的风险，这样会影响整个账务结果，因此村级会计代理制的职业风险规范建设具有时效性和紧迫性。

三、乡村财务人员面对的外部环境

财务人员依据不同的外部环境可以进行相关的分类，如会计可分为企业会计、事业单位会计和司法会计等，所以在研究财务人员时不能脱离其外部环境，乡村财务人员相对于其他财务人员而言，有着极其特殊的环境，所以不能以一般的财务标准去考量，也不能以普遍的财务标准去要求，要从其定位入手，这样才能获得最大的效果。

（一）乡村财务人员面对的社会环境

城乡二元结构是指在计划经济体制下长期以来形成的城乡对立、城乡分割、城乡劳动力流动隔绝的经济社会二元结构。城乡二元化不仅表现在物质方面，更重要的是体现在文化方面，存在着城市和乡村文化发展自成体系、相对分割、差距过大的局面。城乡的二元化结构差异导致了财务人员在乡村中所面临的情况不同于城市，由于存在乡村相对落后这个既定事实，就导致了财务人员要面临许多特殊的环境。有的乡村财务人员是无编制人员，也就导致了他们的工作积极性不高，薪酬水平也低于城市的财务人员，这在间接上也增加了财务职业风险的可能性。同时，就现阶段的村级会计委托代理制而言，所有权与使用权的分离属于一种形式上的分离，这一点从与其类似的注册会计师代理审计制度中就可以看出。注册会计师作为企业的服务者，其资金来源于企业，客观独立性不存在，这也就间接导致了其出具的审计报告可能不符合相关的法律和法规，从而影响了审计结果的准确性。同时，村委会的财政收入与支出都要通过相应的会计委托代理中心转入和划拨，增加了经济流转的环节，提高了资金的使用成本。

（二）乡村财务人员面对的经济环境

物质财富是人类赖以生存的基本前提，如果社会的经济水平相对较低、经济体制比较混乱、经济发展不平衡，那么将会出现社会剩余产品不足以满足公民基本需求的状况，也会导致地区和个人的贫富差距悬殊以及社会发展不和谐的状况。在我国，社会主义市场经济的发展，日趋需要与之相适应的社会主义会计职业道德，社会主义市场经济是竞争的经济，也是协作的经济，只有大力发展社会主义市场经济，提高综合国力，丰富人们的物质文化生活，才能为提高人们的道德意识提供物质基础，财务人员职业道德才能得到更好的遵守。现在的中国乡村正在经历一个急剧的发展时期，各项工作和建设都在有条不紊进行着，乡村财务人员也处于这种环境中，随着乡村经济体的发展，会出现以前未出现过的账务往来，这就需要乡村财务人员提升自己的业务素质，适应整个经济发展的速度。从外部来讲，乡村财务人员在工作环境上不具备优势，从内部来讲，乡村财务人员自身各项素质又需加强。同时，现阶段乡村面临着大量的土地问题，如修路占地、规划占地等，这其中涉及巨大的经济利益往来，直接关系到农民的切身利益，在处理账务时更加需要全面客观地进行操作，而巨大的利益会导致一些动机不纯的人员通过一些特殊手段来获取利益，乡村财务人员有可能会受到一些利益的诱惑，这时候就需要其坚守自身的职业道德，不做违法乱纪的事，保证乡村财务的正常运行及农民的正当利益。

（三）乡村财务人员面对的法律环境

市场经济就是法制经济，只有在市场经济的参与者都能遵守市场规则的前提下，经济才能得到健康有序的发展，所以会计职业道德与会计法律机制有着共同的目标、相同的调整对象，承担着共同的责任。财务人员职业道德缺失的最明显的一个外在表现就是为了达到种种不正当目的而向外界提供虚假财务信息。而这些虚假财务信息会给社会带来严重的经济后果，因此向制造和颁布虚假财务信息的人员追究相应法律责任是理所当然的。财务人员职业道德是依靠财务人员的自觉性自愿地执行，并依靠社会舆论和良心来实现，基本上是非强制性的，因此它的执行力较差。所以说，法律规范是维护财务人员职业道德的重要手段，作为职业道德的补充，法律是乡村财务人员保证其工作正常运行的一个框架和准绳，这是乡村财务人员工作的一个最低标准，如果违反了这个标准，就要受到相关法律的严惩，所以财务人员职业道德建设离不开良好的法律环境。但是现阶段我国有关乡村财务人员的法律有待完善，比如，在乡村财务人员抵制违法财务行为需要法律保护时，有时不能得到足够的保护，这就使得乡村财务人员的职业道德遵守缺少相应的法律保护，法律不仅是约束乡村财务人员，还应保证其工作的正常进行。另外，乡村财务人员又是直接受到乡镇政府人员的管辖，很容易丧失其独立性。所以，乡村财务人员在进行业务操作时需要参照一定的工作准则，工作规章的制定直接关系到财务工作运行的良好与否。同样地，法律法规也是一个一个框架和准则，人们只有在这个框架内，才能保证所做事情的合法性。

四、乡村财务人员自身情况的现状

大多数乡村财务人员都是由基层财务人员组成，他们一般只是从事最基本的财务处理业务，对于其他需要注意的职业规范和职业道德等往往一知半解，所以需要从道德实践的方式，对他们进行补充，而道德教育和道德修养是重要的道德实践方式，道德教育是通过种种社会手段，使一定的社会道德原则和规范转化为社会和人们的道德行为，道德修养是通过人的内心自觉改造和实际行动不断提高个人的道德品质和境界。这两者同样重要，不可偏废其一，既要有一个外部的可以遵照的道德规章，又要注重从内心出发，培养他们个人职业道德的情操。

职业道德是与职业活动紧密关联的具有职业特点的道德准则和规范，因而财务职业道德就是在财务职业活动中应当遵循的、本现财务职业特征的、调整财务职业关系的职业行为准则和规范。所以随着经济体制的转变，社会上人们的思想意识、价值观念都在发生变化，在财务领域也同样遇到了经济发展与道德进步“二律悖反”的困惑。而会计职业道德是指在会计职业活动中应当遵循的、体现会计职业特征的、调整会计职业关系的各种经济关系的职业行为准则和规范。身处乡村的财务人员，其所处的环境不同于其他财务人员，所以在发生利益诱惑时，更容易违反职业道德。

乡村财务人员不全都是由乡村人员来担任，所以其道德水平具有特殊性，总体来讲乡村财务人员的道德修养还是处于一个稳定的状态，大部分乡村财务人员是能够按照国家的法律法规进行规范化操作的，这一点从我国乡村经济逐年提升的趋势中就可看出。但我们也不能就此主观地认为乡村财务人员不需要进行职业道德教育，从现阶段乡村财务的培养机制中可以看出，现有乡村财务人员的职业道德教育是缺乏的，乡村财务人员的职业道德情操需要一个系统的补充，所以要明确教育内容的构成总体应与财务人员职业道德规范的基本内容相联系，以诚实守信、不做假账、客观公正为核心。这种职业道德教育一般包括职业理想教育（敬业、爱业、乐业、勤业、精业教育）、职业责任教育（诚实守信、客观公正、文明服务教育）、职业技能教育（专业知识、工作能力与实践经验教育与传播）、工作态度教育（认真负责、实事求是、发挥才智等教育）、工作纪律教育（坚持准则、依法办事、保密、廉正等教育），以及工作作风教育（严以律己、科学理财教育）等。所以财务人员职业道德教育是规范财务人员的职业道德行为的一个重要手段，建立与完善职业道德教育机制，是强化财务人员道德建设的一个主要途径。

此外，现阶段乡村财务人员的工作积极性有待加强，产生这种现象的原因是多方面的，既有其自身个人素质的原因，也有外部因素，例如薪酬、工作环境等影响，所以应根据教育对象的实际情况，按照财务职业教育的规律，运用切实可行的方式对财务人员进行职业道德教育，这样才能取得良好的教育效果。

第二节　乡村财务人员职业道德因素分析

纵观以往发生的乡村财务人员违规事件，其往往是多方面的原因造成的，这其中有外在的环境，也有自身的原因。王立东教授总结了职业道德主要包括八大要素，分别是职业理想、职业态度、职业责任、职业技能、职业纪律、职业良心、职业荣誉、职业作风。这些因素都会对乡村财务人员的工作产生一定影响，所以从马克思主义哲学分析，外部因素对事物有巨大影响，内部因素起决定性作用，内部因素是根本，外因通过内因起作用。对于乡村财务人员的职业道德因素，就需要从全面的角度出发，考量其外部环境和内部因素，进而分析这两者对于乡村财务人员自身的影响，然后与职业道德因素的形成进行对比，明确乡村财务人员职业道德因素的组成结构，并提出相对应的分析。

一、城乡发展失衡对乡村财务人员的影响

我国乡村的现状是，乡村人口数量众多、农民受教育程度偏低、农民思想观念比较陈旧，我国农业长期坚持家庭联产承包的小农生产格局，造成我国农民普遍具有小农经济思想。一方面，分散化的小农经济实际上是一种自给自足的温饱型的封闭经济形态，其农业科技创新能力、储备能力及转化能力都很薄弱，相对于现在的农业生产模式，不利于整个乡村经济实体的发展，现代的乡村生产更倾向于大规模、集合型的模式，这样有利于生产的规范化以及高效化，同时在技术更新以及设备更换上，更加方便进行。另一方

面，数量庞大的农村人口造成了我国土地资源的相对不足，土地资源的相对不足对贫富差距有很大的影响。根据边际产量递减规律，相同数量的土地，劳动力人数过多会降低劳动的边际生产率，进而降低工资水平。

城乡发展失衡导致城乡文化发展极不协调，乡村文化落后于城市文化，农民的文化素质和文化消费水平低于城市市民。长期以来，一些地方对乡村文化建设特别是偏远地区的文化建设缺乏必要的认识，存在着重视城市文化建设、轻视乡村文化建设的观念，缺乏城乡文化统筹协调、一体化发展的思想。社会的和谐，除经济、政治、生活指标外，还有一个很重要的人文指标，就是靠用先进文化以文化人，实现文化和谐，进而推动社会的和谐。在一定意义上说，文化发展的程度也成了衡量社会主义和谐社会建设水平的尺度。“通过城乡文化一体化建设，加快城市文化精神向乡村传播，能促进农民观念和素质的提升，推进农民市民化角色转换，实现城乡文化精神的和谐共进，有利于社会的和谐发展。文化建设与经济建设也有着密不可分的关系，作为一个国家、一个地区的软实力，文化建设不仅对经济建设有着推动作用，应当说它本身就是经济建设中的一部分，直接表现在文化产业在国民经济中的贡献率越来越大，文化产业以及相关产业不断地成为各地区发展的新的经济增长点。”乡村广阔的文化产业发展空间和农民巨大的文化需求，是我国转变经济发展方式，调整经济结构不可或缺的重要一环。现阶段我国乡村财务人员普遍的职业技能和文化水平都不高，这是整个乡村文化建设的不足所造成的，所以对于提高乡村财务人员职业道德的建设，要考虑到整个乡村文化建设的大背景，以此为依托，加强乡村财务人员自身的文化素质和道德修养。

正是由于城乡发展的不平衡，从外部来讲，乡村财务人员在工作环境上不具备优势，从内部来讲，乡村财务人员自身各项素质又需加强，要想解决这个问题就需要抽丝剥茧，逐层进行。首先在大环境上，只有乡村经济整体发展了，乡村的各项经济指标都提高了，这样才有利于提升乡村财务人员的专业技能，一些以前从未涉及的做账项目以及报表会有所体现。其次，乡村经济的繁荣会使乡村文化得到进一步提升，乡村文化的提升有助于增强乡村财务人员的后备力量，可以营造一批有高学历、强技能的专业化人员，这些人员的补充将会极大缓解现阶段乡村财务人员的紧缺，同时弥补了乡村财务人员文化水平相对较低的不足，综合来讲，这对于乡村财务人员队伍建设具有十分重要的意义。

二、乡村财务人员自身风险因素

现阶段乡村财务政策正处于转变期，这直接影响到乡村财务人员的工作，转变所带来的是机遇与挑战并存，一方面各项具体规章制度更加合理，更加规范化，提高了财务人员的工作效率，另一方面在转型期，财务人员自身需要加强自身的学习和实践，以适应改变的政策，但是在乡村的环境中，乡村财务人员会有自身的一些特殊的风险，主要包括以下几个方面。

首先，是否具备爱岗敬业的工作精神。在挑选乡村财务人员时，有的管理者不是从工作的角度考虑，而是完全凭个人好恶、凭感情办事，这就使得个别素质低下、根本不具备条件的乡村财务人员，被选拔到财务岗位上来，致使部分乡村财务人员年龄老化，学历偏低。长期以来，我国乡村财务人员的来源和从业资格的取得，均是通过参加各种专业培训和技术考试获得的，这种考试本身并未涉及职业道德教育，这样就不能使财务人员有一个较为直观的认识。同时，在进行每一年的继续教育时，大多是将财会人员集中起来培训，所授项目绝大多数和专业技术有关，很少涉及职业道德方面的内容，这种客观上的轻视引起意识领域的淡漠，意识领域的淡漠容易导致乡村财务人员职业道德基石的动摇。我们都知道乡村财务人员的职业道德是其在工作中逐渐形成的，这种形成会受到诸多因素的影响，例如领导因素、同事之间、家庭因素等，都会对乡村财务人员的职业道德造成不同的影响，所以对于他们缺乏这种工作的热情，要因地制宜，从他们自身角度出发考虑问题，不能顾此失彼，也不可偏废其一，使得乡村财务人员出现“偏科”现象。

其次，是否具备职业道德。职业活动是人们由于特定的社会分工而从事的具有专门业务和特定职责，并以此作为主要生活来源的社会活动。每个从业人员，不论是从事哪种职业，在职业活动中都要遵守道德。如教师要遵守教书育人、为人师表的职业道德。医生要遵守救死扶伤的职业道德，乡村财务人员也是如此。乡村财务人员职业道德不仅是从业人员在职业活动中的行为标准和要求，而且是本行业对社会所承担的道德责任和义务。

再次，是否具备法律意识。法律意识是公民守法的重要保证，在实际生活中公民是否能够自觉地遵守法律，这与公民的法律意识水平高低有很大的关系。每个公民守法的行为并不是自发产生的，而是在一定的法律意识的指导下实现的，法律意识水平决定着他们的守法状况。法律意识既包括人们对法律整体的态度、认识和理解，即对法律的一般理解，又包括人们对某些具体的法律规定的了解和掌握。一个职业道德高尚的财务人员，会时刻将财经法规放在工作的首位。如果将各种法律法规的约束抛在脑后，将个人利益放在重要位置，就会出现违反财经法规的行为。会计法反映了会计职业道德规范最基本要求，是对乡村会计人员提出的最低行为标准。

最后，是否具备客观独立性。“独立性是指内部审计活动独立于他们所审查的活动之外，衡量是否独立的标准是内部审计活动的开展是否受到其他干扰，独立性可以理解为内部审计部门的独立性以及内部审计人员的独立性，内部审计人员的独立性是指审计师在审计活动中不受任何来自外界的干扰，能够独立自主地开展审计工作，而组织上的独立性是指内部审计独立，不受来自管理层和其他方面的干扰和阻挠，独立地开展内部审计活动。”在乡村财务中，由于是内部审计活动，所以组织上的独立性更加被重视。乡村财务人员独立性是内部审计的基石，是其赖以生存的必要条件，同时乡村财务人员独立性也是内部审计应有的特质之一，是对内部审计工作的内在要求。只有当内部审计部门和内部审计人员具备了应有的独立性，才能保证审计工作的顺利开展，才能保证审计的工作质量，提高审计的工作水平。乡村财务人员独立性是审计的灵魂，注册会计师最大的职业特征是独立性，现阶段的乡村会计委托代理的财务制度就属于一种委托代理机制，其工作特点也要求独立性。村级会计委托代理制下的财务人员，其独立性也是相对的，因为首先他们得到的数据有可能是错误的，这样在进行财务处理时就有可能造成财务上的失误；其次会计委托代理中心从属于乡镇政府管辖，缺乏客观独立性，不利于其作出真实有效的账务处理。

第三节　乡村振兴背景下乡村财务人员职业道德建设的具体措施

乡村财务人员职业道德建设是一个系统化的工程，在具体措施中，应该本着他律与自律相结合，重点突出自律的特点，同时在措施的实行上要一步一步来，不可操之过急，以免引发教育对象的过激反应。作为职业道德来讲，它涉及许多学科以及不同的专业知识，例如伦理学、心理学、教育学、管理学等，其理论指导需要从多学科的交叉点来着眼，不可顾此失彼，以偏概全。

对于职业道德来讲，关系最密切的学科应该就属于伦理学，伦理学是一种研究行为的科学，研究的是关于如何规范伦理行为事实的科学。伦理学并不仅是确立道德的一门科学，准确地说它是确立优良道德的一门科学，因为道德可以随意约定和制定，所以确立道德并不需要科学，而优良的道德是不能随意约定和制定的，只能通过社会制定道德的目的，从人的行为事实如何的客观本性中推导以及制定出来。所以伦理学的任务和目的就是一方面在于系统探究关于伦理行为事实如何与社会的道德本性以及伦理行为应该如何之真理，从而制定优良的道德，另一方面则在于研究如何使人们遵守优良道德之真理，从而实现优良道德。元伦理是研究优良道德的制定方法，主要研究“应该如何与事实如何”的关系，从而解决如何才能确立道德真理以及制定优良的道德。这也就告诉我们，道德的制定是需要一定之规的，尤其是优良的道德，因此在涉及本书所述的乡村财务人员职业道德的具体制定上，也需要遵循合理的制定方法，才能做到事半功倍。规范伦理是研究优良道德的制定过程，主要通过社会制定道德的目的，从人的行为事实如何客观本性中推导、制定出人的行为应该如何的优良道德规范，因此在规范伦理的指导下，进行乡村财务人员职业道德之制定，就要从乡村财务人员的自身特点入手，在规范性上要遵循一定的准则，限制不能过高，也不能过于宽松，力争保持在一个稳定、有序的环境中。美德伦理研究的是优良道德规范的实现过程，是优良道德由社会的外在规范向个人内在美德的转化过程。美德伦理更加强调的是以品德、美德和行为者为中心的伦理学，美德是摸不着看不见的，在于每个人自身内部的东西，是通过一个人的行为所表现出来的行为者的内心状态或心理特征，一个处于美德自律境界的人，遵守道德不是被迫的，而是自愿的，是出于做一个好人的道德需要，道德规范已经内化为其人格。反之，一个处于美德他律境界的人，遵守道德是被迫的，而不遵守道德则是自愿的，因此，只要有可能，他就会背弃道德，这样他的行为便不可能长期、稳定、持久地遵守道德。

职业道德就是从事一定职业的人在履行本职工作的过程中应当遵循的职业范围内的特殊道德要求和道德准则。王立东教授认为，职业理想、职业态度、职业责任、职业技能、职业纪律、职业良心、职业荣誉、职业作风这八个要素始终贯穿于职业道德建设的体系中，是职业道德建设的主旨。同时，当代社会主义对于职业道德的基本规范主要有爱岗敬业、诚实守信、办事公道、服务群众、奉献社会，这五点正是社会主义职业道德规范的精髓之所在。

乡村财务人员的职业道德也需要一个优良的道德准则进行规范，需要一个优良的道德方式进行约束，所以对于乡村财务人员道德主体进行职业道德教育应该是一种终身式的教育。财务人员职业道德由个人品德和职业道德两个层次组成，财务人员在家庭、幼儿园、小学、中学所受教育，着重培养的是个人道德品质，其中个人的道德品质又包括道德教育和道德修养问题。道德教育是指教育者通过创造一定的环境，进行一定的工作，调动受教育者本身的内在因素，把某些外在的道德观念灌输到他们的思想行为中去。道德修养则是一定的道德活动的主体通过自身的主观努力，坚持学习和自觉地进行思想斗争，不断地提高自己的道德水平和思想境界的活动。乡村财务人员的职业道德是其在工作中逐渐形成的，这种形成会受到诸多因素的影响，例如领导因素、同事之间、家庭因素等，都会对乡村财务人员的职业道德造成不同的影响，这种在工作中培养的职业道德就要根据职业自身的特点，因材施教，处理好与其工作相关的各方面因素，同时还要设身处地地考虑其工作的难处，只有这样，对乡村财务人员道德主体进行教育才能收到良效。

一、落实乡镇党委、政府对乡村财务管理的监管

首先，在具体层面政府的有效性监管，是乡村财务人员工作有序进行的一个重要保障。政府监管，又称政府管制或规制，是政府在市场经济条件下为某些公共政策的落实而对微观经济主体实行的规范与制约。政府监管主要对市场主体的进入、退出以及涉及公共安全、公众健康、可持续发展等行为进行管理和监督。加强乡镇财政管理，关系到各项民生政策的贯彻落实，关系到广大人民群众的切身利益。由于会计信息具有公共物品的特性，完全依赖民间自律型的市场力量进行会计监管，显然不能带来经济学意义上的社会效用最大化。近年来，各地财政部门积极加强基层财政建设，强化乡镇财政监管职责，确保各项财政政策在基层得到有效落实，建议各村实行财务收支会签制，对村级财务收支由村主任、村书记会签，加强监督，同时，加强村报账员、民主理财小组、村主任、村书记之间的相互制约。建议对村级报账员实行聘任制，采用人员选聘、双重管理的管理模式。对村级财会人员的配备，不经乡主管部门批准，不得随意调换和解聘，以保持财会队伍的稳定性，保证工作的连续性、稳定性，增加其工作的积极性和责任感。同时应加强财会人员培训，并定期或不定期地对财会人员进行业绩考核。乡村财务体制中也需要乡镇监督机制的补充，而处于这种财政体制下的乡村财务人员也要加强自身的职业道德建设，严格要求自己，只有这样才能从根本上确立正确的价值导向。

其次，民主监督对于保障乡村财务人员工作的透明性也是一个有力的补充。如果群众参与意识淡薄，就会使民主监督作用难以发挥，导致对公共资产无法监督、无力监督，使村级财务公开、民主监督流于形式。

二、提高代理中心工作人员和报账员的业务素质

现阶段，代理中心工作人员主要包括以下几种，一是出纳，按照有关规定和制度，办理本单位的现金收付、银行结算及有关账务，保管库存现金、有价证券、财务印章及有关票据等工作的总称，其从业人员称为出纳。同会计有所区别，出纳主要是管理现金，是为了防止管理账务的人直接接触到现金。还有报账员，报账员由通过民主程序产生的村民担任，主要负责村级收入、支出原始凭证的收集整理，村级备用金的领取、保管和定期向代理服务机构报账，报账员产生后应及时向代理服务机构备案，并积极参加财政部门组织的业务培训，经考核合格，具备相应的政策水平和报账业务技能后方可上岗。要想提高以上乡村财务人员的业务素质，就需要从两方面入手：一方面是从外在的工作流程着眼。另一方面要加强代理中心工作人员和报账员自身职业道德素质，这方面的提高有助于他们业务水平的提升，因为只有他们热爱这个工作，全身心投入这个本职工作中，才能保证他们在工作中主动提升自己。

对于乡村财务人员，要更加注重对其自身品德以及美德修养的教育，通过一系列的美德内化教育，使得他们自身成为美好品德的载体，将其内化，进而达到符合职业道德的目的。当然，道德的内化也需要一个过程，在社会道德向个体道德内化的过程中，激发道德情感，引发主体对美好道德的钦慕、追求和向往，乃是其中不可或缺的重要一环。建立一个乡村财务职业道德教育机制对于乡村财务人员自身品德的提高需要一个循序渐进的过程。因此，应将财务人员职业道德中的美好品德作为重要的教育内容。具体方式包括：自我教育与群体教育相结合、理论教育与工作实践相结合、个人示范与集体影响相结合和正确引导与舆论扬抑相结合。应引导好教育对象的受教主动性，外部灌输与内在接受的协调是影响教育的重要因素，应采用激励措

施引导财务人员主动、自觉、有效地接受继续教育，加强自我教育。职业道德是社会成员从事职业活动的内在动力。职业道德在社会道德中占据特殊地位，因为职业活动是人类生存发展之最基本的活动，离开职业活动人类无法存在，所以乡村财务人员的职业道德是衡量一个乡村财务人员工作合格与否的重要标准，它不仅体现在财务人员的业务水平上，更强调了财务人员的主观意识具备的道德修养。

三、净化委托代理人员的从业环境

首先，乡村财务人员职业道德的制定要符合外部的客观环境。职业道德依赖于一定社会的观念意识、风俗习惯等精神文化要素，社会的健康和谐能进一步促进全社会共同的道德规范，职业道德水平也能够随着社会的健康和谐发展进一步提高。因为乡村财务人员不仅工作在财务领域，更生活在社会大环境中，其职业道德不可避免地要受到社会各种不良因素的影响和干扰。在制度不完善、道德意识淡薄、诚信丧失的环境下，是不可能营造出高尚的财务职业道德。净化乡村财务人员从业环境，营造良好的社会氛围，对提高乡村财务人员职业道德有着重要意义。而乡村财务人员从业环境的净化需要社会各方面相互协调，只有社会各行各业都提高了职业道德意识，才能营造出建设乡村财务职业道德的和谐环境，只要形成了扬正抑邪、褒善贬恶的社会环境，加强乡村财务人员职业道德教育定能取得良好效果。乡村财务人员处于一个特殊的位置，所以在进行道德教育的同时，要设身处地地考虑其工作的难处，还要进一步健全村务公开制度，坚持财务公开是村务公开的主要内容。按照国家有关法律法规和政策的规定，根据乡村改革发展的新形势、新情况，不断丰富和拓展村务公开的内容。

其次，乡村财务人员职业道德的制定需要法律的支持。道德规范与法律相比是有区别的，法是权力的规范，是应该且必须如何的行为规范，反观道德是非权力的规范，是应该而非必须如何的行为规范，这种区别是由于道德与法律所规范的行为的性质所决定的，其中道德所规范的是每个人的全部具有社会效用的行为，而法律所规范的是重大社会效用的行为，是那些如果产生问题就会对社会造成不良后果的行为。就乡村财务问题来讲，比如私自克扣公款、篡改数据等，会对乡村经济乃至农民生活造成极大的不良影响，因此健全和完善财务法规体系，强化法律环境，对加强财务人员的职业道德自律，减少财务人员的非职业道德行为具有重要的意义。充分发挥法律威慑作用，不仅可以遏制和减少财务人员经济违法犯罪行为的发生，还可以防止财务人员职业道德的败坏。乡村的法律环境由于其自身条件的限制，很多地方还不完善，乡村的法律基础还很薄弱，在这样的法律环境中，对于乡村财务进行法律援助是有一定困难，乡村财务人员在进行业务操作时需要参照一定的工作准则，工作规章的制定直接关系到财务工作运行的良好与否。同样地，法律法规也是一个一个框架和准则，人们只有在遵守这个框架的前提下，才能保证所做事情的合法性。现阶段，规范和约束乡村财务人员的法律法规还不是很健全，大多还只是遵循对于一般财务人员的法律法规，没有设立专门的有针对性的符合乡村财务人员特性的规章制度，所以乡村财务机构和乡村财务人员要实现其职能，就要改善乡村财务行为环境，就要给予财务工作强有力的法律支持。在建立健全乡村财务人员职业道德规范的过程中，要切实考虑我国国情，根据环境的需要，制定相关的法律和法规。

以上这些外部环境的规范对于乡村财务人员自身职业道德建设的形成起着十分重要的作用，既是职业道德建设的一个有益的补充，又是职业道德建设的保障，因此在职业规范的指导下，进行乡村财务人员职业道德之制定，就要从乡村财务人员的自身特点入手，在规范性上要遵循一定的准则，限制不能过高，也不能过于宽松，力争保持在一个稳定、有序的环境中。还应坚持外部环境与内部建设同时进行，不可偏废其一，这样才能达到乡村财务人员职业道德建设成效的最大化。

最后，在道德规范的具体制定上要明确道德是社会制定或认可的关于人们具有社会效用的行为，应该而非必须如何的非权力规范，就每一道德规范的自身结构来说，都不过是某一种行为事实对于道德目的的效用。在道德范畴之下的职业道德也是一样，其中有强制性的成分，但其更重要的目的在于激发其职业的自觉性以及人本身的善，从而达到职业者本人自省的目的。因此无论是从外在工作环境还是法律环境、体制环境中，都需要明确职业人自身的价值，也就是在职业人的前提下，他们首先是人，既然是人就需要得到其应有的尊重及自由，只有明确了这个前提，才能保证所制定的行为道德规范不会有所偏颇。近年来，乡村财务人员的发展状况越来越受到人们的关注，有关于乡村财务的研究也逐渐增多，纵观现阶段乡村财政体制改革，财务模式逐渐正规化，人员培养有条不紊进行着，各项规章制度也在不断加以补充和完善，但是现阶段乡村财务人员的职业道德建设还相对落后，需要加强这方面的教育。乡村财务管理是保证乡村经济迅速发展的重要环节，乡村财务管理出现问题将直接影响到“三农”的现代化进程，所以对于乡村财务管理应给予充分重视。乡村财务人员由于其特殊性，面临着许多不同于其他财务人员的特殊情况，所以不论是体制的改革还是政策的实施，都要结合乡村财务人员的具体情况。财务人员的职业道德是衡量一个财务人员工作合格与否的重要标准，它不仅体现在财务人员的业务水平上，更强调了财务人员的主观意识具备的道德修养，乡村财务人员的职业道德对于乡村财政起到了举足轻重的作用，所以只有重视并加强乡村财务人员职业道德建设，才能真正做好乡村的财务事业。

参考文献

[1] 乡村振兴战略规划（2018—2022 年）[M]. 北京：人民出版社，2018.

[2] 中共中央 国务院关于全面推进乡村振兴加快农业农村现代化的意见 [J]. 中华人民共和国国务院公报，2021（7）：14–21.

[3] 杨贵庆，等 . 黄岩实践 [M]. 上海：同济大学出版社，2015.

[4] 江海滨，谢小荣 . 温州农村改革与发展 30 年 [M]. 北京：中国农业出版，2009.

[5] 张仲威，李志民，赵冬媛，等 . 中国农村规划 60 年 [M]. 北京：中国农业科学技术出版社，2011.

[6] 高丽敏，王洪伟 . 农村经济问题 [J]. 财经周刊，2013（5）：6–8.

[7] 孟玲 . 社会主义新农村建设下的农村经济财务管理探索 [J]. 时代经贸，2019.

[8] 高培勇 . 公共经济学 [M].3 版 . 北京：中国人民大学出版社，2012.

[9] 马惠艳 . 农村财务会计监督体系建设分析 [J]. 财会研究，2014（304）：32–33.

[10] 杨会朴 . 村级会计委托代理服务的完善与思考 [J]. 商业会计，2012（3）：66–68.

[11] 王徽 . 村级财务监管问题及对策研究 [D]. 南昌：江西财经大学，2018.

[12] 张璇，崔瑛 . 完善农村财务监管体系的对策 [J]. 中国集体经济，2010（33）：139.

[13] 程松林 . 我国村级财务监管模式的历史变迁 [J]. 中国集体经济，2011（19）：82–83.

[14] 周家豪 . 浅谈农村财务监管网络建设的思路与对策 [J]. 现代营销（下旬刊），2014（12）：98.

[15] 邓永忠 . 从机制上解决村级财务监管问题的建议 [J]. 中国财政，2018（15）：57–59.

[16] 曹炳刚 . 给集体财务上一道保险锁 [J]. 农村财务会计，2020（1）：54–56.

[17] 杜佳 . 村级财务监管新机制建立探索 [J]. 农业经济，2014（6）：22–23.

[18] 申晓云 . 论村级财务五级监管的建立 [J]. 财经、农业经济，2014（7）：45–47.

[19] 房利 . 浅谈如何加强农村财务监管工作 [J]. 财经、农业经济，2015（2）：85–86.

[20] 程雅珺 . 新农村建设视角下农村财务监督问题研究 [D]. 长沙：中南林业科技大学，2014.

[21] 黄丽玲 . 泰兴市 S 镇村级财务工作监管问题的研究 [D]. 扬州：扬州大学，2016.

[22] 胡道平 . 三资管理规范农村和谐发展 [J]. 中国农业会计，2013（10）：12–15.

[23] 许远巧 . 村委会选举后治理问题研究 [J]. 理论学刊，2011（8）：87–90.

[24] 上官酒瑞 . 乡村治理：问题与对策 [J]. 华东师范大学学报，2016（1）：57–59.

[25] 杨晓刚 . 完善农村财务公开问题的策略 [J]. 纳税，2017（10）：34.

[26] 马德俊 . 新时期农村财务公开存在的问题及对策分析 [J]. 山西农经，2018（19）：92–93.

[27] 刘媛媛 . 加强村级财务公开之我见 [J]. 商业经济，2013（6）：21–22.
[28] 黄若男 . 试论农村财务公开与民主理财的重要性 [J]. 财会研究，2010（2）：76–77.
[29] 王湘琳 . 对新时期农村基层民主建设的再认识 [J]. 湖南行政学院报，2010.
[30] 李欢欢 . 我国官员腐败问题的原因及对策 [J]. 决策与信息，2016（7）：53–54.
[31] 刘丽平 . 当前农村财务治理的问题研究 [D]. 武汉：华中师范大学，2015.
[32] 赵秀玲 . 乡村治理研究应处理好六大关系 [J]. 武陵学刊，2016（9）：23–25.
[33] 俞文生 . 农经管理信息化的实践与探索 [J]. 农村经营管理，2007（10）：43–44.
[34] 邓青超 . 加快推行农村财务电算化管理 [J]. 乡镇财会，2000（8）：49.
[35] 陈爱玲 . 对我国农村财务管理信息化建设的思考 [J]. 财会月刊，2006（7）：72–73.
[36] 张芳丽，张艳艳 . 山东省农村财务信息化实施要素分析 [J]. 齐鲁珠坛，2009（5）：7–10.
[37] 郑爱平 . 莆田市农村财务管理信息化系统研究 [J]. 情报探索，2007（6）：78–79.
[38] 唐利民 . 农村财务管理新模式探讨 [J]. 财会通讯，2011（14）：83.
[39] 刘菁 . 农村财务管理模式的选择及亟待解决的问题 [J]. 农村经济，2012（3）：34–35.
[40] 伍晓玲 . 农村财务管理研究概述 [J]. 广东农业科学，2011（4）：188–190.